CHANTE, ROSSIGNOL

DU MÊME AUTEUR

L'Angélus de minuit, Robert Laffont, 1990
Le Roi en son moulin, Robert Laffont, 1990
Les Chasseurs de papillons, Robert Laffont, 1993 ; Pocket, 1994 (prix Charles-Exbrayat)
Un cheval sous la lune, Robert Laffont, 1994
Ce soir, il fera jour, Robert Laffont, 1995
L'Année des coquelicots, Robert Laffont, 1996
La neige fond toujours au printemps, Robert Laffont, 1998 ; Pocket, 2003
Beauchabrol ou le Temps des loups, Souny, 1997 ; Souny Poche 2009
L'Or du temps, Robert Laffont, 1998
Les Frères du diable, Robert Laffont, 1999
La Nuit des hulottes, Robert Laffont, 1999 ; Pocket, 2006 (prix RTL Grand Public)
L'Heure du braconnier, Pocket, 2000
Lydia de Malemort, Robert Laffont, 2000
Un jour de bonheur, Pocket, 2001
Le Silence de la Mule, Robert Laffont, 2001 ; Pocket, 2004
Maisons au cœur, Robert Laffont, 2001
Dernières nouvelles de la terre, Anne Carrière, 2001
Le Voleur de bonbons, Robert Laffont, 2002 ; Pocket, 2004
Lumière à Cornemule, Robert Laffont, 2002 ; Pocket, 2005
Une vie d'eau et de vent, Anne Carrière, 2003
Des enfants tombés du ciel, Robert Laffont, 2003 ; Pocket, 2009
La Couleur du bon pain, Robert Laffont, 2004
La Montagne brisée, Pocket, 2007
Le Dernier Orage, Pocket, 2008
Les Colères du ciel et de la terre, Robert Laffont, 2005
Le Porteur de destins, Seghers, 1992 ; Pocket, 1994 (prix des Maisons de la presse ; prix du Printemps du livre de Montaigu ; Grand Prix littéraire de la Corne d'or limousine)
Juste un coin de ciel bleu, Robert Laffont, 2006
La Conjuration des lys, XO Editions, 2007 ; Pocket, 2010
La Peste noire, XO Editions, 2007 ; Pocket, 2010
Le Roi chiffonnier, XO Editions, 2007 ; Pocket, 2010
Nous irons cueillir les étoiles, Robert Laffont, 2007 ; Pocket, 2009

(suite en fin d'ouvrage)

Gilbert Bordes

CHANTE, ROSSIGNOL

Roman

Terres de France

PRESSES DE LA CITÉ

ISBN 978-2-258-14239-8

Presses de la Cité

un département **place des éditeurs**

place des éditeurs

Beaulieu-sur-Vézère, bourgade proche de Brive-la-Gaillarde, somnole sous le soleil ardent de cet été 2012. Sa rue principale suit le cours de la rivière que les hommes d'autrefois ont emprisonnée entre de hautes murailles. Elle serpente, paisible, entre les bancs de sable et de galets, mais les Beaulieusois ont appris à redouter ses colères, surtout quand les grandes pluies d'automne arrosent les montagnes du Limousin. Alors, aussi puissantes qu'un fleuve, ses eaux noires charrient des troncs d'arbre qui sapent les piles du pont Saint-Martial construit au Moyen Age. Un peu en aval, des grottes s'ouvrent dans le roc, à peine visibles pour qui ne sait pas les remarquer. Elles cachent souvent d'émouvants graffitis de nos ancêtres, chasseurs de mammouths et pêcheurs de saumons à l'époque où le poisson royal pullulait. Le barrage de Bergerac, sur la Dordogne, lui a coupé une route vieille de centaines de milliers d'années...

Construite en grès doré, la mairie fait face à l'ancien presbytère. Entre les deux guerres, il y avait six bistrots autour de la place, et quatre curés, mais

Beaulieu, comme toutes les bourgades de la région, meurt peu à peu. Ses jeunes s'en vont à Brive ou à Bordeaux, parfois à Périgueux : il n'y a pas de travail ici, à part l'entreprise de transport Armand Flinchard et une cartonnerie. Les anciens moulins, le long de la rivière, ne transforment plus en farine les blés locaux ; leurs murs s'écroulent sous des toitures éventrées. Les biefs sont comblés et les grandes roues à aubes pourrissent sous la mousse humide.

Dans les années soixante-dix, chaque jeudi, les foires attiraient une foule de marchands, Beaulieu était renommée pour ses noix en automne et ses petits pois au printemps qui partaient par trains entiers à Paris. Cette belle époque est révolue ; il ne reste qu'un seul bistrot, tenu par Maria, une Polonaise, veuve de Baptiste Monnont, l'ancien garde champêtre mort voilà deux ans. Le maire, Patrick Massoni, a fait voter une aide par la municipalité, afin que ne disparaisse pas ce symbole fort de la vie locale.

Huit heures du soir. Louis Romain, élu sur la liste d'opposition, serre les poings : ces maudites cloches lui rappellent l'emprise du clergé sur la vie locale ; l'ancien instituteur estime qu'elles n'ont plus leur place dans une communauté laïque qui refuse les signes religieux. Il a fait circuler une pétition dans ce sens, mais les Beaulieusois n'ont pas suivi.

Le vent fait bouger les feuilles des platanes qui ombragent la rue principale. La fraîcheur tombe lentement après une journée torride et les promeneurs prennent le temps de flâner le long de la rivière. Deux adolescents, assis près de la fontaine, tapotent sur leurs tablettes en plaisantant. Joseph Lespaud, soixante-treize ans, ancien officier de la marine nationale, emprunte la rue qui conduit à la rivière. Un âne attelé à sa carriole tourne sa drôle de tête vers lui. C'est un petit animal des Pyrénées avec la croix de Saint-André en poil sombre sur sa robe couleur de cendre. Il n'a qu'une oreille, l'autre ayant été arrachée lors d'une bagarre quand il était ânon. Le propriétaire s'apprêtait à le faire euthanasier quand Joseph l'a récupéré. Depuis, Pompon vit tranquillement à la Messonière, conduisant parfois son maître au bistrot.

La carriole traverse la place ; les roues ferrées sonnent sur les pavés. Quand on demande à Joseph pourquoi il attelle parfois son âne au lieu de prendre sa camionnette, sa réponse ne varie pas :

« Il ne comprendrait pas que je le nourrisse à ne rien faire. Un âne, c'est fier, ça ne veut rien devoir à personne. Comme moi ! »

Joseph Lespaud est une figure incontournable de Beaulieu-sur-Vézère. Les gens l'apprécient et beaucoup prennent son parti dans ses démêlés avec la municipalité qui durent depuis des années.

— Il s'est détruit dans la marine, dit ainsi une habitante. Vous vous souvenez comme il chantait bien ? Moi, j'étais toute gamine, mais je n'ai pas oublié sa voix claire qui réchauffait la poitrine et donnait le frisson aux reins… Les gens disaient qu'il avait un rossignol dans la gorge.

— Il chantait dans un orchestre ! confirme un autre. Les gens s'arrêtaient de danser pour l'écouter. Et puis il s'est engagé dans la marine et on ne l'a pas revu pendant vingt-neuf années. Ça a été la fin de l'orchestre.

Sa casquette d'officier indique en effet qu'il a vécu en mer et navigué dans des contrées lointaines. Il en parle parfois, de sa voix rauque de baroudeur. Défilent alors les terres brûlées d'Amérique latine, les tempêtes effroyables de l'océan Indien, et le naufrage de son navire, dont la marine nationale n'a jamais parlé. Chaque fois il en rajoute, et personne ne peut dire où est l'exacte vérité, car Joseph lui-même ne s'en souvient plus.

— Ah, commence-t-il, vous n'avez jamais rien vu que le clocher de Beaulieu, mais le monde est grand, je vous l'assure pour en avoir fait cent fois le tour !

— Cent fois ? C'est peut-être beaucoup, s'étonne un client.

— Cent fois et plus, assène Joseph, alors, tu penses que je peux te parler des ports d'Amérique latine où il ne fait pas bon sortir sans son couteau, des villes fleuries comme Hong Kong, d'autres gelées une partie de l'année, comme Oulu, oui, je pourrais vous parler des mers que j'ai labourées dans tous les sens !

Il évoque l'Amazone avec autant de familiarité qu'il le ferait des berges de la Vézère ; puis son regard devient terrible en évoquant les anacondas d'une longueur qu'il ne précise pas, mais qu'on devine impressionnante ; sans oublier l'Afrique où il a tremblé devant la gueule ouverte des hippopotames du Congo. Sa voix monte pour évoquer les singes hurleurs.

— J'ai chassé le tigre à dos d'éléphant. C'était au cours d'une permission en Inde. J'avais chanté dans le port et le prince Hali Mah a voulu me connaître. J'ai chanté dans son palais et nous sommes devenus amis.

— Tu crois que tu n'en fais pas trop ? intervient Maria avec son accent polonais. Un prince se moque bien d'un marin !

— Mais j'étais pas un marin comme les autres ! Moi, j'avais ma voix, et il suffisait que je chante pour que toutes les femmes se mettent à genoux !

Maria n'a pas la langue dans sa poche. C'est une matrone d'une cinquantaine d'années, aux épaules larges, à la démarche lourde et assurée. Ses cheveux gris très courts confèrent à son large visage une virilité qui en impose aux clients mal embouchés. Le seul qui ait le droit de faire de l'esclandre dans son établissement reste Joseph, pour qui elle nourrit une affection particulière.

— Alors pourquoi tu n'es pas resté là-bas dans ces pays superbes ? s'étonne-t-elle derrière son comptoir.

— Parce que j'avais quitté le pays depuis plus de vingt ans et qu'une nuit j'ai vu ma mère marcher derrière le cercueil de mon père. Un rêve tellement vrai que j'ai décidé de revenir. Alors, j'ai rejoint la marine, qui me croyait mort. J'ai rempilé quelques années pour la retraite. Ma mère m'attendait à la Messonière.

— Ta mère ? On sait qu'elle te menait la vie dure !

— Peut-être, réplique vivement Joseph, mais c'était ma mère.

Il se tait, tout à ses souvenirs. Il se souvient de son retour en 1991. Le lieutenant Lespaud n'en a pas oublié une seconde. Quand il est rentré dans la maison, sa mère était assise près de la fenêtre et lisait le journal. C'était une forte femme, la tête carrée, les cheveux gris rassemblés en un petit chignon. Elle avait levé sur l'arrivant son regard austère. « Tiens, c'est toi, je te croyais disparu en mer ! » Il s'était approché, et lui qui ne se laissait pas monter sur les pieds par les matelots, s'était trouvé tout penaud devant celle dont il avait toujours redouté l'autorité.

« Oui, je reviens ! avait-il dit doucement, comme pour s'en excuser.

— C'est ça, un revenant ! répliqua la vieille Léa Lespaud sans bouger de sa chaise et tenant toujours le journal ouvert devant elle. De même qu'on ne sait pas pourquoi tu es parti, on ne saura pas mieux pourquoi tu reviens. Et puis, ça va changer les choses !

— Changer quoi ?

— Ta sœur pensait garder la Messonière, et voilà qu'elle va devoir partager ! J'espère que tu as mis de l'argent de côté pour racheter sa part. »

— Tu comprends, Joseph, qu'il faut en sortir ! Depuis 2006, soit six longues années, tu remues ciel et terre pour empêcher Beaulieu de se moderniser. C'est vrai, la Messonière est une maison historique, mais tellement délabrée que ce serait beaucoup trop coûteux de la réhabiliter. Nous devons penser à l'avenir de notre village et de nos enfants.

Il est toujours convaincant, le maire Patrick Massoni. Ce descendant d'immigrés italiens a été choisi pour conduire la commune à cause de sa facilité de parole, son sens de la synthèse et surtout sa présentation. C'est un fort bel homme de quarante-cinq ans, les cheveux abondants, un corps de sportif. Sa situation de professeur de maths lui confère une disponibilité qu'il sait mettre au service de ses administrés. Marié à une enseignante de français, il a deux petites filles, « aussi belles que des anges », dit le curé Makato, un Sénégalais qui a su se faire admettre par la population vieillissante des paroissiennes, car ici, par tradition, les hommes ne fréquentent pas l'église.

— Nous avons trop attendu pour aménager la rocade qui unira les deux nationales et les autoroutes, poursuit le maire. Et puis il faut des terrains pour les futures entreprises.

Joseph Lespaud, debout dans la salle de la mairie, à côté de la chaise qu'on lui a proposée, en face des conseillers municipaux et du maire, gratte sa barbe blanche qui mousse sur ses joues.

— Et comme par hasard, la rocade passe exactement sur ma maison et coupe le domaine de la Messonière en deux parties qui vont devenir des terrains à bâtir maintenant que vous m'avez exproprié !

Il a parlé calmement de sa voix sombre en soutenant le regard de Patrick Massoni. A sa droite, Antoine Fréchon, le premier adjoint, baisse la tête. Neveu de Joseph, et fils de Mireille, sa sœur, il n'a jamais accepté que Joseph garde le domaine à son retour de la marine.

— Et toi, Antoine, tu es d'accord. Tu laisses disloquer la propriété de famille au nom de l'intérêt général dont tu te contrefous ! lance Joseph.

— Mon oncle, reconnais que nous avons eu beaucoup de patience avec toi ! Et puisqu'il faut le dire franchement, sache que ton comportement est totalement scandaleux. Tu as tout fait pour retarder la décision, tu as alerté la préfecture, le conseil général, et on m'a dit que tu avais écrit au président de la République !

— Oui, c'est vrai, parce que je n'accepte pas qu'au nom d'une certaine modernité on sacrifie cette propriété, qu'on rase le passé au nom d'un avenir incertain…

— Tu dois admettre que l'intérêt général c'est d'aménager une zone industrielle où des entreprises viendront s'installer pour donner du travail à nos enfants ! Car si on ne fait rien, Beaulieu va disparaître, comme tant de villages !

— C'est ça, c'est ça, grogne Joseph jamais à court d'arguments. On ne peut pas faire passer cette satanée route à droite parce qu'il y a la maison des parents de M. Patrick Massoni, maire de ce patelin, et à gauche les terrains de M. Flinchard, le camionneur et plus gros employeur local, qui a menacé de quitter Beaulieu si on l'expropriait ! Alors, il ne reste que la Messonière !

Il n'en peut plus, Joseph. Pendant les six années de lutte contre les autorités locales pour préserver sa maison dont il fait valoir le côté historique, culturel, car c'est la plus ancienne bâtisse de Beaulieu, construite sur les fondations d'un ancien château fort, il a usé toutes ses forces. Et puis à quoi bon se battre puisqu'il est seul, et qu'à soixante-treize ans il ne va plus encombrer les rues bien longtemps ?

— Donc, les travaux vont commencer sous peu. Tu dois déménager tout ce que tu souhaites conserver.

Joseph baisse la tête, puis murmure :

— Tout ça, c'est une manière de gommer les Lespaud !

Les conseillers échangent des regards entendus. Joseph n'est pas n'importe qui. Il a passé le bac au lycée de Brive, puis est entré dans la très prestigieuse école Boulle pour prendre la succession dans l'entreprise familiale. Après son service militaire, alors que personne ne s'y attendait, il s'est engagé dans la marine et on ne l'a pas revu pendant vingt-neuf années. On a dit qu'il s'était disputé avec son père, Jean Lespaud, un homme dur et intransigeant. On a rapproché son départ de l'affaire Birtos, ce malfrat trouvé mort au milieu de la rue près de la Messonière, mais tout le monde savait qu'il n'y était pour rien.

Et puis, mettre ainsi un homme âgé hors de chez lui contrarie plusieurs conseillers. Ils ont voté pour la rocade, pour le progrès, mais pas aux dépens d'un compatriote seul et généreux. N'a-t-il pas payé les loyers en retard de la pauvre Mme Buisson, que son propriétaire menaçait d'expulser ? Personne n'a oublié sa colère et ses menaces contre le profiteur « au cul gercé ». On a beaucoup ri quand Joseph l'a poussé au milieu de la rue en le menaçant de lui faire avaler sa sacoche s'il osait revenir !

Après son retour de la marine, il a repris l'affaire de Jean et meublé les grandes maisons, les châteaux de la région, qui oubliaient parfois de le payer. Mais depuis la mort de sa mère, qui le tenait d'une poigne de fer, Joseph se laisse aller, vit dans la saleté d'une maison vétuste où le ménage n'est jamais fait, et quand il n'est pas au bistrot, à jouer aux cartes avec ses copains, il passe ses journées dans l'immense hangar aux portes fermées à double tour où on entend le bruit strident de ses machines.

— Ce que je redoute, dit Antoine Fréchon à qui veut l'entendre, c'est qu'il se blesse avec ses machines à bois. Il n'est plus tout jeune !

— Mais qu'est-ce qu'il fait, toutes ses journées dans son atelier ? Tu ne vas pas me dire qu'il fabrique des meubles ?

— J'en sais rien, répond le neveu. Il n'a jamais voulu m'en parler. Il m'a dit que c'était une surprise. Alors, autant le laisser faire !

Un conseiller municipal a proposé de mettre à sa disposition un local pour former des jeunes à l'ébénisterie. Mais Joseph n'est pas un pédagogue et le maire n'a rien voulu entendre : « On ne peut pas prendre le risque, la sécurité n'est pas assurée ! »

Ses propos souvent crus dérangent. Joseph ne redoute personne et n'hésite pas à aller frapper à la porte de Jules Brejan, le député de droite. Convaincu de l'importance de son projet, le maire est cependant embarrassé car il a, comme les gens d'ici, un sens sacré de la propriété. Ce n'est qu'après des mois de réflexion et de discussion avec les élus du canton qu'il s'est décidé à demander l'expropriation de l'ancien marin.

Alors, il propose un arrangement à l'amiable :

— Ecoute, Joseph, il y a un appartement vide ici au-dessus de la mairie. Il est à ta disposition le temps que tu trouves autre chose...

— J'en veux pas, de votre appartement ! hurle-t-il. La France entière va être au courant de votre connerie, je m'y engage. Mais en attendant, voilà ma réponse !

D'un geste rapide, Joseph Lespaud baisse son pantalon, montrant ses fesses d'une blancheur indécente. Il remonte son pantalon aussi vite qu'il l'a baissé et sort. Pris de court, le maire se tourne vers les conseillers, qu'il dévisage les uns après les autres, mais lui d'ordinaire si loquace ne trouve pas les mots.

— Tu ne dois pas te mettre martel en tête, conclut Antoine Fréchon. C'est pas la peine de faire des manières avec lui.

Une fois dehors, en face de la place éclatante de soleil, Joseph hésite un instant sur la direction à prendre. Devant lui, un jeune garçon d'une dizaine d'années le regarde avec admiration. Il a assisté à la scène en regardant par la fenêtre.

— Eh ben, c'est beau ce que tu as fait, Joseph !

— Quoi ? Qu'est-ce que j'ai fait ?

— Devant le maire et tous ces gens importants ! Moi, j'ai déjà eu envie de faire la même chose à ceux qui m'embêtent !

— Et qui t'embête, Alexandre ?

L'enfant brun, les cheveux en broussaille, le visage parsemé de taches de rousseur malgré ses yeux très noirs, sourit au vieil homme.

— Le copain de ma mère ! Ah celui-là, je le déteste ! Oui, je voudrais lui montrer mon cul ! annonce Alexandre de sa voix flûtée à l'accent de Montpellier.

Joseph pose la main sur son épaule.

— C'est pas bien de faire ça.

— Alors pourquoi tu l'as fait, toi ?

— Moi, déclare Joseph, véhément, je suis pas n'importe qui ! Je suis un ancien gradé de la marine nationale, alors ça me donne des droits ! Et puis qu'est-ce que tu fais là ? Qui te garde pendant que ton père travaille ?

— La Marie Duteil. Elle me laisse faire tout ce que je veux !

Alexandre s'éloigne à grands coups de pédale. Il est arrivé à Beaulieu au début du mois de juin avec son père et habite une petite maison proche de la Messonière.

Il rend souvent visite à Joseph. Le vieux a de l'affection pour cet enfant, même si leur première rencontre n'a pas été facile : un jour, il a débarqué sur son vélo, s'est arrêté au milieu de la cour. Georges, le vieux chien, a levé la tête, puis s'est rendormi. Joseph, qui revenait de son atelier, s'en est pris à l'intrus :

« Qu'est-ce que tu fais là ? C'est interdit d'entrer chez moi ! »

Le gamin, planté au milieu de la cour, regardait la maison et les grands chênes de chaque côté.

« C'est beau ici ! »

Joseph, qui ne s'attendait pas à cette réponse, avait regardé à son tour l'énorme masse de sa maison construite en grès doré. Deux rangées de fenêtres aux contours ouvragés, et une tour carrée à droite comme toutes les anciennes maisons du pays de Brive.

« Tu vois, la longue pierre au-dessus de la porte avec la coquille de saint Jacques ? Elle vient de l'ancien château qui était là.

— Ma grand-mère ne m'a jamais parlé de ça !

— Ta grand-mère ? C'est qui ? Moi je connais tout le monde ici, tu es de quelle famille ?

— Ma grand-mère est de Montpellier. On l'appelle Margot. Elle a grandi ici, dans la maison où j'habite avec mon père depuis que maman est partie.

— Tu dis "Margot" ? »

Joseph avait parlé avec beaucoup d'émotion dans la voix. Le gamin s'en était aperçu et lui avait demandé :

« Tu la connais ?

— Oh oui, je la connais », avait soupiré Joseph en baissant la tête.

Joseph traverse la place de son pas lent et un peu hésitant. Il s'arrête un instant devant l'église romane. Restaurée après avoir été bombardée pendant la Seconde Guerre mondiale, elle dresse son clocher surmonté d'un coq gaulois en tôle rouillée. Ici, pas de tuiles romaines, même si l'on est en pays occitan : l'ardoise à pointe, autrefois extraite des sous-sols de Travassac, est souveraine. Joseph hausse les épaules : « A toi aussi, je devrais montrer mon cul. » Il entre « Chez Maria ». Avant de franchir la porte, il prend le temps de se composer une figure de circonstance. Les épaules basses, l'air sombre, il s'approche du comptoir sans regarder les trois vieux à casquette de velours attablés au fond de la salle. Albert Langlois, le plus âgé, est à soixante-dix-sept ans, un grand vieillard maigre, un peu voûté ; il a le visage osseux, les cheveux en broussaille. Eleveur à la retraite, il fréquente le bistrot depuis qu'il ne se sent plus chez lui dans sa ferme natale. Paul Berthoul, soixante-quatorze ans, ex-employé des services techniques de Brive, aime jouer aux cartes quand il n'est pas à la pêche. Enfin, Henri Martel, soixante-dix ans, ancien ouvrier agricole, a pu économiser suffisamment pour acheter une maisonnette au bord de la Vézère ; il cultive son potager, fait de petits travaux chez les gens, plus pour la compagnie que pour la pièce qu'on lui donne. Avec Joseph, ils sont inséparables, on les appelle les mousquetaires.

— Eh bien, tu nous en fais une tête ! s'étonne Maria.

— M'en parle pas ! grogne Joseph adoptant un air désespéré. Me voilà SDF.

Il attend un moment pour titiller la curiosité de Maria et de ses camarades qui lui adressent un regard inquiet.

— Je leur ai montré mon cul ! annonce-t-il après un gros soupir.

Eclats de rire dans la salle. Seule Maria reste sérieuse, sa bouteille de Suze à la main droite.

— Tu as fait ça, Joseph ?

— Oui, et c'est qu'un début. Quand ils vont comprendre, ça leur fera tout drôle. Parce que moi, sans rien dire, j'ai préparé ma réponse à ces petits fonctionnaires. On va en parler sur tous les journaux et à la télévision, de leur décision idiote ! C'est moi qui vous le dis !

— Comment tu vas faire ? demande Maria.

— Vous le saurez très bientôt !

— Ecoute, poursuit Maria, tu ne peux pas aller contre le progrès. Et toi, seul dans ta vieille bicoque, loin de tout le monde, s'il t'arrivait quelque chose ?

— C'est pas là la question !

Personne n'ignore que la Messonière va être rasée. Le maire et ses adjoints se sont donné le beau rôle en précisant que Joseph a une bonne retraite, et que le rachat de la Messonière se fait bien au-dessus des tarifs administratifs en vigueur compte tenu de l'état du domaine. « Mais comment faire plier cet obstiné ? répète à l'envi Antoine Fréchon. Il est plus têtu que son âne ! »

Joseph vide son verre d'un trait en boit un second pour s'éclaircir la voix, puis pose ses poings sur la table. D'un geste mesuré il pousse sa casquette vers l'arrière, dégageant un front haut et crevassé de profondes rides. C'est le signe qu'il va parler.

— Quand on a vu le soleil se lever sur les tropiques, quand on a descendu des fleuves en furie sur des radeaux de roseaux, on ne peut pas penser comme tout le monde ! affirme-t-il, le regard perdu vers la fenêtre éclatante de lumière. Nous, dans la marine nationale, on faisait escale dans des villes lointaines. Alors, on avait le temps d'explorer le pays. Tenez, j'ai même vu une tribu de cannibales.

— Des cannibales ? s'étonne Henri Martel. Ça existe encore ?

— Oui, monsieur, des cannibales, aussi vrai que je te vois. On ne vous montre pas tout, à la télé.

Les bons sauvages et le reste, c'est du cinéma. J'ai vu des hommes qui mangeaient d'autres hommes !

— Et toi, tu en as mangé, de l'humain ? ose Paul, qui regrette aussitôt sa monstrueuse question.

— Tu penses bien que je te le dirai pas ! réplique Joseph, maintenant ainsi un doute qui laisse imaginer les pires atrocités.

Devant les mousquetaires aussi naïfs que des enfants, il ne peut pas s'empêcher d'en faire trop. De se mettre en avant comme s'il redoutait d'être pris pour un retraité ordinaire. Et il n'hésite pas devant un public éberlué à peupler les forêts amazoniennes de monstres effroyables et à s'inventer des aventures auxquelles lui-même a fini par croire.

Quand Joseph a trop bu, ce qui arrive parfois, ses propos deviennent emphatiques et sublimes, mais cet après-midi, sa colère suffit à éclairer ses mots d'une lumière que chacun perçoit à sa manière. Les mousquetaires, humbles retraités après une vie toute simple, sont pleins d'admiration et comme des enfants écoutent ses histoires si terribles qu'ils en frémissent dans le paisible bistrot de Maria. Et ils sont fiers d'être ses amis et d'avoir droit, parfois, à ses confidences…

— La mer, c'est… comment vous dire ? C'est la mer, voilà tout. Ça ne s'explique pas. Et quand elle te tient, elle te lâche plus !

— Mais pourquoi tu as arrêté de naviguer ? Si c'était toute ta vie, qu'est-ce que tu es revenu faire ici ?

— J'étais dans la marine nationale et sur tous les points chauds du globe. Et puis j'avais fait mes vingt-cinq ans sans porter les pieds au pays. Oui, je m'ennuyais. Je voulais revoir ma mère.

Leurs regards marquent l'étonnement. Ils l'ont tous connue, la Léa Lespaud, une maîtresse femme qui régnait sur la Messonière et malmenait son entourage.

Parler de la mer éloigne Joseph de ses déboires avec la municipalité. Le voilà parti dans ses souvenirs. Il vide encore un verre, s'essuie les lèvres. Les autres, qui entendent son récit pour la centième fois, ne veulent surtout pas en rater le moindre mot :

— On s'était embarqués sur le *Triomphant* pour une campagne le long des côtes de la Guyane. On était heureux de partir pour une mission d'une année. On faisait escale à Maroni pour une dizaine de jours. Avec quelques camarades, on est partis en exploration le long du fleuve. C'est alors qu'on a rencontré les hommes à la peau de cuivre. Beaux comme des Patagons. Pour les amadouer, je me suis mis à chanter. Ils sont tombés à genoux et ils pleuraient, oui, ils pleuraient de plaisir. Alors, ils ont laissé filer les copains, mais moi, ils m'ont gardé. Je suis resté deux ans chez eux. La marine me croyait mort.

— Ici aussi, on te croyait mort.

— C'est ta mère et ta sœur qui ont été les plus surprises !

— Je sais, quand les morts reviennent chez les vivants, c'est toujours compliqué.

— Mais pourquoi tu es parti ? demande Maria, qui n'avait jamais osé poser cette question jusqu'à ce jour. Tu avais tout pour toi, tu étais riche, tu devais reprendre la fabrique de ton père, et voilà que tu pars dans la marine sans rien dire à personne, pas même à ta mère…

Il baisse la tête, ramène sa casquette sur son front.

— Je suis parti parce que c'était pas possible autrement !

Il n'en révèle pas plus, mais son soupir montre que rien n'est oublié. Le bruit a circulé que Jean, le père de Joseph, s'opposait au mariage de son fils avec Margot Buget, une fille d'ouvrier jugée indigne d'entrer dans la famille Lespaud. Avec le temps, on s'était dit que ce n'était sûrement pas la seule raison, car Joseph, à vingt-trois ans, pouvait passer outre l'avis de ses parents.

Joseph pousse sa chaise, c'est le signal. Albert Langlois, celui qui le connaît le mieux, se dresse, sur ses longues jambes. On dirait qu'il tangue comme un roseau sous le vent. Cet homme qui a travaillé dur toute sa vie s'ennuie depuis que son fils le tient hors des affaires de la ferme. Personne ne lui demande son avis sur la manière de travailler sa terre et il ne comprend pas qu'on ait remplacé l'élevage traditionnel des veaux de lait par des broutards vendus aux Italiens. « De mon temps, je fournissais de la viande aux grands restaurants parisiens et à l'Elysée ! clame-t-il avec orgueil et mépris à l'égard de son héritier. Lui, c'est pas un mauvais garçon, mais il se laisse entraîner par sa femme, qui ne comprend rien à l'agriculture et veut tout commander ! »

Paul Berthoul se dresse à son tour. Il bouscule son siège, qui se renverse. Petit et un peu empâté, il semble encore solide. Chauve, sa grosse tête engoncée dans ses épaules, il donne une impression de force. Il ne fait pas son âge. Les mauvaises langues disent que ce n'est pas le travail qui l'a fatigué. Employé à la ville de Brive, il a surtout passé beaucoup de temps à pêcher la truite dans la Vézère, la Dordogne et d'autres rivières. Il est le seul avec Joseph à avoir pris l'avion, pour aller pêcher le saumon en Alaska, et il en tire une grande fierté.

Puis c'est au tour d'Henri Martel de se lever. Il a gardé tous ses cheveux à peine grisonnants. Son visage conserve un aspect naïf. Gringalet, les épaules étroites, il suit les autres. C'est un timide qui reste avec qui veut bien de lui. Depuis la mort de la vieille Joséphine, qui avait recueilli cet enfant de la DDASS et chez qui il était resté homme à tout faire, il vit seul dans sa petite maison près de la Vézère.

— Salut la compagnie !

Joseph longe l'allée de platanes qui borde la rivière jusqu'à un espace en cul-de-sac ombragé. De son échoppe où l'on trouve à peu près tout ce qu'on veut, de la moindre vis à bois à la tronçonneuse Stihl et aux motoculteurs Honda, le vieux Marcel Vitrot le salue.

— Alors le Joseph, ça va comme tu veux ?

— Pas trop, mais je fais aller !

En dessous du village, la Vézère s'étale après une large plage de galets où des enfants viennent pêcher les goujons. C'est là qu'il a garé son Trafic beige avec écrit en grosses lettres rouges : *MEUBLES LESPAUD, BEAULIEU, PARIS, BORDEAUX*. Il s'assoit au volant. Sur le siège passager, un vieux chien lève la tête.

— Mon bon Georges ! On rentre.

Le chien, un corniaud gris aux oreilles pendantes, repose la tête sur ses pattes avant. Le véhicule manœuvre et s'engage sur la place. La Messonière se trouve à un kilomètre du centre de Beaulieu, dans un endroit en pente qui descend vers la Vézère. Les projets n'ont pas manqué pour réhabiliter cette gentilhommière délabrée. On a imaginé en faire un centre de vacances, puis un groupe privé s'y est intéressé pour le transformer en hôtel de luxe. Mais Joseph a toujours refusé de vendre.

Il sort du bourg par une petite route à flanc de colline, ralentit à la hauteur d'une maison en pierre, couverte de tuiles, ce qui est rare dans la région.

Les volets sont ouverts depuis que Jérôme est venu habiter ici avec Alexandre. Joseph longe le mur du parc de la Messonière, franchit le portail et arrête sa camionnette sous un énorme tilleul. Son âne court vers lui.

— Mon Pompon, je vois que tu as chaud et que les mouches t'agacent !

Pompon, l'âne à une oreille, est célèbre dans tout le pays. C'est le « deuxième véhicule » de Joseph. « Un moyen de transport écolo ! » dit-il en riant.

Alexandre, qui devait le guetter, arrive en vélo, freine brutalement sur le gravillon de la cour, abandonne sa bicyclette et va caresser le museau de l'animal.

— Alexandre, encore toi ? La Marie va te chercher, tu as vu l'heure ?

— Mais non. Et puis mon père m'a dit qu'il rentrerait tard parce qu'il a une grosse réparation à faire du côté d'Objat.

Jusqu'à ce qu'Alexandre et son père s'installent ici, le mois dernier, Joseph n'aurait jamais pensé pouvoir supporter la présence d'un enfant à la Messonière. Mais Alexandre n'est pas n'importe qui : c'est le petit-fils de Margot Buget et il donne vie à tout ce qu'il regarde, tout ce qu'il touche. La Messonière retrouve un peu de jeunesse.

— Viens, je vais te montrer quelque chose.

Alexandre envoie un regard curieux et complice au vieil homme qui part dans le sentier entre les grandes herbes. Le soleil descend vers l'horizon, souverain. Pas un souffle de vent, mais on sent la fraîcheur du soir monter à l'ombre des grands chênes. Ils parviennent à un petit enclos carré. De hauts piquets de bois retiennent un grillage fin.

— C'est pour arrêter les lapins, tu comprends, ils aiment mes légumes. Et il a fallu que j'enterre le grillage de trente centimètres parce qu'ils creusent. Quand ils ne peuvent pas passer par-dessus, ils passent par-dessous.

Joseph ouvre le portail en bois. A sa droite une cabane étonne Alexandre.

— Pourquoi tu l'as peinte en bleu ?

— Parce que c'est la couleur du ciel, celui qu'on voit tout le temps en mer sauf pendant les tempêtes. Et puis ça m'amusait.

Alexandre marche dans l'allée centrale, entre les carrés de légumes et de fleurs. Jamais il n'aurait imaginé que Joseph aime le jardinage. Un homme qui a voyagé sur tous les continents ne peut pas se contenter d'un lopin de terre sagement découpé en carrés et ratissé avec patience.

— Tu comprends, précise le vieux, c'était le potager de la Messonière. Autrefois, il était beaucoup plus grand, mais pour moi seul ça suffit. Alors, j'ai pas voulu le laisser tomber, même si j'ai pas beaucoup de temps. Fais pas de bruit, je vais te montrer quelque chose…

Joseph demande à Alexandre de s'accroupir à côté de lui. Le vieil homme sent la présence de l'enfant, son odeur qui lui rappelle l'herbe sèche le matin dans la rosée. Il entend sa respiration rapide ; un curieux sentiment le ramène à Margot. Ils allaient à l'école ensemble. Margot l'attendait au portail de la Messonière, mais n'entrait jamais : Léa, la mère de Joseph, était toujours mal embouchée. Mireille, la sœur aînée de Joseph, sortait la première et partait seule rejoindre ses copines. Et Joseph courait dans l'allée sans écouter les dernières recommandations, car il était toujours en retard.

Le vieil homme pousse l'enfant du coude.

— Regarde, il arrive, lui souffle-t-il à l'oreille.

Un magnifique petit oiseau tenant un gros insecte dans son bec se pose sur un piquet et tourne la tête dans toutes les directions.

— C'est un rouge-queue ! murmure Joseph. Il rapporte à manger à ses petits. Tu vas voir.

Après s'être assuré qu'il n'y avait aucun danger, le passereau plonge vers une cruche renversée à côté de la cabane.

— Ses petits sont tranquilles ! L'ouverture est trop étroite pour les chats. Faudra pas venir les déranger !

Le passereau sort de la cruche et s'envole. Alexandre remarque les belles plumes rouges de sa queue déployée. Le battement de ses ailes fait un bruit de tissu froissé.

— Ils ont de la chance, les oiseaux de savoir voler, dit le gamin. Souvent, je rêve que je suis aussi léger qu'une feuille et que le vent m'emporte !

— Moi aussi, je rêvais de voler, et tu vois, au lieu de monter vers le ciel, je suis parti sur l'eau. Mais il faut que tu rentres, ton père va te chercher et la Marie va s'inquiéter.

Ils retournent à la maison dont la tour se découpe sur le ciel aux reflets dorés, toujours aussi majestueuse malgré ses volets à la peinture écaillée. A gauche, l'immense atelier où Jean Lespaud et ses ouvriers construisaient ses meubles abîme le coup d'œil avec ses grandes portes en tôle ondulée, sa toiture en plaques de fibrociment et ses murs en parpaings recouverts d'une couche de peinture ocre.

— Rentre vite ! Il va faire nuit.

Joseph reste un long moment debout au milieu de la cour. Le calme de la nuit d'été se pose sur le parc. Rien ne bouge ; les grands chênes étalent leurs feuillages qui s'assombrissent. L'odeur sirupeuse des châtaigniers en fleur s'intensifie avec l'humidité du sol. Les oiseaux se taisent. Joseph se tourne vers Georges, couché sur la première marche du perron. Brave bête ! Toujours là, dans l'ombre de son maître, fidèle et tellement discret qu'on oublie sa présence. Ce soir, Joseph pense à Margot ; ils allaient marcher le long de la Vézère en se donnant la main. Ils étaient heureux, certains que rien ne leur manquait et que la vie s'ouvrait pour eux. Il soupire, se dirige vers son atelier, dont il ouvre la porte avec une clef qui ne quitte pas sa poche. C'est là qu'il prépare sa réponse à la municipalité. Les voisins entendent ses machines tourner tous les jours. Que fait-il ? Personne n'a pu le savoir. Et quand on lui pose la question, sa réponse est toujours la même :

« Ce que je fais ? Ah, vous allez en être éberlués ! Ce que je fais, c'est pharaonique ! On va en parler, je vous l'assure ! »

Ce mot dans la bouche du marin prend une telle démesure qu'on se demande quelle folie a pu germer dans l'esprit de cet original. On pense qu'il construit un meuble sculpté, un chef-d'œuvre fruit de tout le savoir-faire des Lespaud, ébénistes depuis quatre générations, mais alors, pourquoi autant de mystère ?

Une seule personne est au courant et garde le secret : Albert, l'ami d'enfance, le frère.

Mais ce soir, Joseph n'a pas envie de travailler. Il retourne à la maison. Dans la cuisine règne un grand désordre. Sur le mur, à droite, Joseph a épinglé la photo de ses parents quand ils avaient une cinquantaine d'années. Sa mère, Léa, épaisse, les épaules carrées, le visage austère. Son père, Jean, dans son costume neuf, plus petit que sa femme, moins robuste. Il sourit, l'ébéniste. Peut-être pense-t-il à ce qu'il a dit à Joseph la veille de son départ. Joseph revenait d'une semaine de vacances à Royan avec Margot. Jean l'avait appelé dans l'atelier et lui avait parlé. Le lendemain, Joseph partait dans la marine, sans avertir Margot.

— Mon salaud ! grogne le vieil homme en poussant la chaise près de la table encombrée de vaisselle sale.

Il met sa soupe à chauffer. Joseph la fait lui-même avec les légumes de son potager. Il n'a jamais supporté les soupes achetées dans le commerce : l'ancien marin a trop mangé de nourriture en conserve pour céder à cette facilité. C'est ici, à sa table, que son potager prend tout son sens.

Ce soir, Jérôme rentre chez lui un peu en retard. La réparation d'une chaudière à mazout lui a pris plus de temps qu'il ne pensait. Il a téléphoné à Marie pour l'avertir. La vieille femme, institutrice à la retraite, s'est attachée à Alexandre, qu'elle garde depuis un mois. Elle le fait manger à midi quand son père ne peut pas rentrer et lui fait travailler son français et son calcul. Mais Alexandre préfère partir se promener sur son vélo.

Alexandre est déjà à la maison, dont il a la clef. Ce petit garçon de onze ans étonne par son autonomie. Parfois, quand son père est en retard, le gamin prend l'initiative de faire chauffer le bouillon et de mettre la table. Ce soir, l'enfant est assis sur le perron, en train de contempler le ciel toujours clair où s'allument les premières étoiles.

— Mais qu'est-ce que tu fais là ? s'étonne Jérôme. Tu vas prendre froid.

— Il fait très bon ! Je regarde le ciel. Je me dis que c'est très grand et que j'aimerais aller d'une étoile à l'autre. Marie m'a parlé d'un petit prince qui vivait sur une minuscule planète… Elle m'a dit qu'elle me prêterait le livre, mais il faut qu'elle le retrouve.

Jérôme a quarante-neuf ans, et les cheveux blancs. C'est un homme de taille moyenne, assez costaud, et on remarque surtout ses petits yeux noirs pleins de lumière. Electricien de formation, il s'est installé à son compte et ne manque pas de clients. C'est un artisan dévoué et, même s'il a gardé l'accent de Montpellier, les gens le connaissent bien puisque, depuis de nombreuses années, il revenait tous les étés passer ses vacances dans la maison de sa mère.

— Allez, on rentre. C'est l'heure de manger.

Alexandre grimace : l'odeur d'anis indique que son père est allé boire quelques apéritifs au bistrot. Le gamin ne saurait dire pourquoi, mais cela le contrarie, comme si, en se rendant chez Maria, Jérôme lui tournait le dos.

— Tu sais ce que j'ai vu dans le parc de la Messonière ? Un petit oiseau qui avait fait son nid dans une cruche ! Joseph m'a dit que c'était un rouge-queue !

Jérôme a fait quelques courses et place une barquette de hachis parmentier dans le micro-ondes. Alexandre sort deux assiettes du placard et les dispose sur la grande table. Souvent, c'est lui qui fait la vaisselle, le matin, quand son père est parti. Ce n'est pas une corvée pour lui, c'est une manière de montrer qu'il est là maintenant que ses parents sont séparés.

— Tu sais que je n'aime pas que tu ailles à la Messonière. Mamie t'a bien dit qu'il y avait un puits très profond et un souterrain où tu pourrais rester prisonnier.

— Avec Joseph, je ne risque rien !

— Mais Joseph n'est pas un homme comme les autres. Et puis lui et notre famille sommes brouillés !

Alexandre lance un regard curieux vers son père. C'est la première fois qu'il entend parler de cette brouille. Il demande :

— Qu'est-ce qu'il vous a fait pour que vous soyez brouillés ?

— Ça ne te regarde pas, mais tu ne dois plus aller chez lui.

Jérôme n'a rien oublié de son enfance. Son père et sa mère ne s'entendaient pas. Margot se mettait en colère pour des broutilles, criait si fort qu'une fois les voisins avaient appelé la police. Puis elle sombrait dans des crises de larmes qui pouvaient durer plusieurs jours. Pendant ce temps, Jérôme se faisait oublier en s'enfermant dans sa chambre et serrait les poings, car chaque fois la même conversation revenait entre ses parents :

« J'ai bien compris ! s'emportait son père Aurélien. Tu n'as pas oublié ton Joseph, tu m'as pris parce qu'il était parti. Je suis la roue de secours ! »

Les larmes de Margot redoublaient, Aurélien partait dans son garage, où il faisait semblant de bricoler. Jérôme se souvient encore du désespoir caché de ce père qu'il aimait beaucoup et dont il a compris, plus tard, l'immense sacrifice. Il en a beaucoup voulu à sa mère, puis sa rancœur s'est tournée contre Joseph, le marin au long cours dont on n'a plus parlé après la mort d'Aurélien et qui, pourtant, restait toujours aussi présent dans le petit pavillon de Montpellier.

Face à Alexandre, Jérôme pense à tout cela avec rancœur. Depuis son arrivée, il évite de passer devant la Messonière. Il a croisé Joseph plusieurs fois. Et malgré sa haine il a découvert un homme au regard franc, et pas plus désagréable que les autres. Pourtant, il ne veut pas le connaître ; lui parler serait renier sa mère et faire une infidélité à la mémoire de son père, mort trop vite d'une crise cardiaque.

— Joseph a pris de mauvaises habitudes dans la marine. Il boit beaucoup et avec ses machines j'ai peur que tu te blesses ! poursuit Jérôme en face de son fils.

— Ça risque pas, répond le gamin en riant. Son atelier est toujours fermé à double tour et il ne veut même pas qu'on regarde par la fenêtre. D'ailleurs, il a mis des planches à l'intérieur pour cacher ce qu'il fait.

Cette complicité en son absence d'Alexandre et de Joseph contrarie beaucoup Jérôme, qui y voit une volonté de la part de ce voisin d'attirer le petit-fils de Margot. Que cherche le vieux marin ? A se faire pardonner son indignité ?

— Je sais que Marie est une brave femme, mais elle te laisse trop libre toute la journée. Je pense que tu vas aller passer les vacances chez ma cousine, à Naves. On était très proches quand on était jeunes. C'est Amélie, la fille d'une sœur de papy Aurélien. Elle n'a pas d'enfant et m'a toujours demandé de te garder chez elle pendant quelque temps ! Crois-moi, tu seras gâté !

— Je veux pas aller à Naves. Je veux rester ici !

Ils mangent en silence, tous les deux ont l'esprit occupé. Jérôme pense aux colères de sa mère, qui ont disparu après la mort d'Aurélien, et à ses crises de larmes quand elle a appris que Joseph était revenu à la Messonière. De son côté, Alexandre imagine son vieux copain chez les hommes à la peau de cuivre.

— Demain, je dois partir de bonne heure, annonce le père. Marie viendra te préparer ton petit déjeuner.

Le lendemain, de très bonne heure, Joseph est réveillé par une série de jurons en bas de sa fenêtre. Il se lève lentement et voit dans le petit matin brumeux un homme près de son portail, penché sous le capot ouvert de sa camionnette. C'est Jérôme qui peste contre le moteur en panne alors qu'il a une réparation urgente à accomplir dans un garage proche d'Objat.

Joseph enfile son pantalon, glisse la main dans ses cheveux hirsutes et sort. Jérôme se dresse, surpris, les mains noires de cambouis.

— Qu'est-ce qui se passe ? demande Joseph. Tu es en panne !

— Oui, grogne le jeune homme. Et j'ai un dépannage à faire avant neuf heures...

— J'y connais rien, répond Joseph. Si tu veux, tu peux prendre mon Trafic. Je n'en ai pas besoin jusqu'à ce soir ! Si ça peut te rendre service !

Jérôme observe Joseph. C'est la première fois qu'il le voit de près et le soleil qui s'est levé met de la lumière dans sa barbe et ses cheveux.

— Je ne sais pas si…

— Tu ne vas pas faire de manières. Je te connais, tu es le fils de Margot, alors tu comprends qu'entre nous on ne doit pas se gêner. Viens.

Jérôme a le sentiment d'être un transfuge, un déserteur qui, en franchissant le portail de la Messonière, se livre à l'ennemi. Pourtant, il doit faire cette réparation : le garage Lachin est un gros client qu'il faut servir ponctuellement. Il ne peut pas se permettre d'être en retard.

— Attends, je vais te chercher les clefs et les papiers !

Jérôme reste au bas de l'escalier et regarde autour de lui. Sa mère lui a souvent parlé de la Messonière. La haine que Margot éprouvait pour Joseph s'est cristallisée sur cette maison orgueilleuse, à l'image des Lespaud. Lui découvre le charme d'une imposante bâtisse bourgeoise avec sa tour carrée, qui pourrait être magnifique. Jérôme ne comprend pas que la municipalité veuille raser cet îlot plein d'histoire, avec ses arbres majestueux qui respirent la sérénité d'un lieu inchangé depuis des siècles.

La Messonière a été érigée sur les ruines d'un château fort rasé par les Anglais pendant la guerre de Cent Ans. L'endroit était resté en friche jusqu'au seizième siècle. Le propriétaire de l'époque, un certain Rémi de Mongeride, avait fait construire cette gentilhommière, qui a défié le temps.

Joseph arrive et tend à Jérôme un trousseau de clefs et une pochette.

— Voilà la carte grise et l'assurance.

Jérôme remercie et prend plusieurs caisses à outils dans sa camionnette. Quand c'est fait, il se tourne vers Joseph.

— Vous me tirez d'affaire, c'est vraiment gentil de votre part. Je ne sais pas comment vous remercier.

— File, si tu ne veux pas être en retard !

Jérôme s'assoit au volant et claque la portière. Joseph regarde son véhicule s'éloigner. Celui qui le conduit est le fils que Margot a eu avec Aurélien, l'homme qu'elle a épousé après son départ dans la marine…

— Moi, je ne me suis pas marié ! grogne-t-il, tout à coup de très mauvaise humeur.

Joseph passe dans son atelier, où l'on entend bientôt le bruit strident des machines. Quand il en sort, vers huit heures, Alexandre est assis sur les marches du perron.

— Qu'est-ce que tu fais là ?

— Rien, j'aime voir le soleil monter sur tes grands arbres. Et puis, il fait bon, ce matin.

— Ouais, répond Joseph, ça, c'est un temps à truites !

Le gamin se dresse, curieux. Joseph regarde le ciel, hume les bonnes odeurs qui montent des herbes fleuries, écoute chanter les oiseaux, observe le vol des hirondelles et poursuit :

— Tout y est ! Le beau temps est bien accroché ; pas d'orage pour la journée, oui, c'est un temps à truites !

— C'est quoi, un « temps à truites » ?

— Suis-moi, tu vas voir.

Il entre dans un petit appentis, prend une canne à pêche toujours prête et descend par le sentier jusqu'à la Vézère. Alexandre l'accompagne, mais n'ose parler, conscient qu'il va assister à un événement rare.

Joseph marche, silencieux, se laissant traverser par le murmure de la nature. Il n'a jamais eu la passion de la pêche, comme Paul Berthoul, qui a sacrifié sa famille à un loisir futile. Pour lui c'est un jeu avec la nature et aussi l'occasion de maudire une époque qui ne lui convient pas. « Ces monstres, se murmure-t-il, ont tout cassé, avec leurs produits chimiques ! »

Ils parviennent au bord de la Vézère, dont l'eau scintille d'une infinité d'étoiles mouvantes. Un courant régulier lèche la rive opposée. Des aulnes penchent leurs longues branches souples au-dessus de la surface envahie par une multitude d'insectes.

Il fait quelques pas, puis se tourne vers Alexandre.

— Au Moyen Age, ils prenaient l'eau de la rivière pour remplir les fossés du château. Je te montrerai tout à l'heure. Tiens, regarde !

Le vieux tend la main vers une grosse libellule qui fait du surplace au-dessus du courant.

— Elle attend un insecte, et pas n'importe lequel. C'est difficile, ces petites bêtes, et ça ne mange pas n'importe quoi. Tiens, c'est comme Pompon, tu ne lui feras pas goûter ce qui ne lui convient pas.

— Qu'est-ce que tu veux faire ? Tu vas pêcher un poisson ?

— Tu vas voir. Quand j'avais ton âge, je venais ici pêcher les goujons. Mais les goujons ont disparu, comme les écrevisses, comme les chevesnes. Il en reste bien encore quelques-uns, mais c'est plus pareil !

En parlant ainsi, Joseph sait qu'il transforme la réalité. Les poissons de sa jeunesse étaient plus nombreux parce que son souvenir les a multipliés. Et puis sûrement les produits employés dans les pommeraies n'ont pas arrangé les choses. Il pense aussi aux promenades avec Margot qui les conduisaient toujours au Gour Noir, où l'eau tourbillonne dans un immense entonnoir. On dit qu'autrefois un taureau y tomba et qu'on ne le revit jamais.

— Il y a une grotte là-dessous, qui descend jusqu'au centre de la terre ! dit Joseph.

Il s'assoit sur la berge. Alexandre, accroupi près d'une cascade, joue avec un morceau de bois qu'il lâche dans le courant. Tout à coup, un éclair troue le calme de la surface.

— Ça c'est une truite ! remarque le vieux pêcheur. Tu te rends compte, une truite ! C'est pas aussi pollué qu'on le dit, ou alors elle s'est habituée à bouffer des saloperies.

Il passe le fil dans les anneaux de sa canne à pêche tout en expliquant :

— La truite est montée en surface pour gober un insecte. Elle est encore là, à surveiller le courant.

— Et qu'est-ce que tu vas faire ? demande le gamin, intrigué.

— Je vais fixer au bout de la ligne cette petite chose. On l'appelle une mouche artificielle. C'est fait avec des plumes de coq enroulées autour d'un hameçon et ça ressemble à un insecte en vol.

— Bravo, Joseph, fait le gamin en examinant le leurre que le pêcheur lui montre dans le creux de sa main. C'est magnifique. Tu m'apprendras à en fabriquer ?

Joseph se positionne sur la berge et commence à animer sa canne d'un mouvement régulier de fouet. La ligne s'envole en une grande boucle, s'allonge dans l'air et tombe sur l'eau sans bruit. Alexandre voit le petit leurre se poser comme un insecte libre de toute attache. Aussitôt, le poisson attaque.

— Ben, toi ! s'exclame le gamin, admiratif.

Quelques instants plus tard, Joseph cueille à la main la truite vaincue.

— Regarde comme elle est belle ! Ses couleurs marbrées, ses points rouges, son ventre de nacre... La truite n'est pas un poisson comme les autres ! C'est l'image même de ce que la nature sait faire de mieux et ne partage qu'avec ceux qui le méritent.

— Tu vas la manger ?

Joseph décroche sa capture, la contemple encore un instant.

— On ne mange pas les chefs-d'œuvre !

Tout en parlant, il libère délicatement la truite, qui repart vers les profondeurs sombres de la rivière. Alexandre s'assoit à côté de lui, regarde une libellule bleue aller et venir, puis déclare tout de go :

— Le soir, quand il rentre, mon père sent l'alcool.

— Qu'est-ce que tu racontes ?

— Je sais qu'il boit. Et ça me plaît pas parce qu'il ronfle en dormant, si fort qu'il me réveille dans la chambre voisine. Mais pourquoi qu'il boit, à ton avis ?

— Pourquoi ?

Joseph réfléchit, gratte sa barbe blanche, repousse sa casquette, lève les yeux vers le ciel, qu'il aperçoit entre les aulnes. Lui a commencé à boire dans la marine et il ne s'est pas arrêté à son retour. Boire chasse les idées sombres et il oublie le grand malheur de sa vie, la mort ne lui fait plus peur. Aussi léger qu'une fumée, il s'endort sans craindre les cauchemars.

— Pourquoi qu'il boit, ton père ? Peut-être parce qu'il est malheureux.

— Moi, je déteste Flavien, qui est avec ma mère ! s'emporte Alexandre. Un jour, je volerai le pistolet de mon grand-père et j'irai le tuer !

— Qu'est-ce que tu racontes ? Tu ne tueras personne. Et puis, tu ne dois pas te mêler de ça !

— Si. Et puis je déteste ma mère !

— Bon, laisse. Viens, je vais te montrer quelque chose.

Il fait bon, un vent frais caresse les mollets nus de l'enfant. Il ne saurait dire pourquoi, mais il se sent bien près de Joseph, qu'il connaît depuis un mois et demi et dont il entend dire les pires choses tous les jours.

Ils partent dans le sentier le long de la rivière. En haut du parc, le courant plus vif se faufile en eau blanche entre de gros rochers. Joseph montre à Alexandre une ligne de pierres taillées en travers du lit.

— C'est là que les hommes du Moyen Age prenaient l'eau pour alimenter les douves du château ; tu sais, un fossé très profond, plein d'eau pour que l'ennemi ne puisse pas s'approcher.

Alexandre suit du regard la large tranchée qui se devine entre les fougères. Des frênes ont poussé au milieu. L'enfant imagine ces hommes si lointains qui creusaient avec des pelles et des pioches, qui posaient leurs pieds là où il pose les siens. Le gouffre du temps lui donne le vertige.

— Tu sais, j'ai vu beaucoup de pays, j'ai sillonné toutes les mers du monde et débarqué dans les plus grands ports. Et pourtant, je me dis que c'est ici que j'aurais pu être heureux.

— Mais pourquoi tu es parti ?

Joseph marque une pause.

— N'en parlons plus. Viens, je vais aussi te montrer autre chose.

Ils sortent du parc et remontent le cours de la rivière dans la forêt de plus en plus dense. Le torrent coule entre deux rochers taillés par le milieu comme si une lame les avait tranchés en ligne droite. De là, l'eau tombe en une cascade dans un immense entonnoir façonné au cours des millénaires.

— C'est le Gour Noir. La marmite du géant ! On dit qu'autrefois la rivière dégringolait de ce rocher et que le géant a taillé la falaise pour la laisser passer.

— Pourquoi il a fait ça ?

— Pour que les saumons puissent remonter pondre leurs œufs.

— Ce géant, il était aussi fort que les hommes à la peau de cuivre ?

— Les hommes à la peau de cuivre n'étaient pas des géants, non. Ils étaient pourtant très grands et magnifiques. Ils m'ont emmené chez eux, dans la forêt. On a traversé une rivière où les crocodiles étaient aussi serrés que les baguettes chez un boulanger.

Alexandre s'attendait à cette affirmation et se demande, une fois encore, s'il doit la croire.

— Tu as dû avoir peur ! s'inquiète le gamin d'une voix retenue.

— Sûr que j'avais peur, mais avec les hommes à la peau de cuivre, je ne risquais rien. J'avais tout ce que je voulais. Il suffisait que je chante pour qu'ils se mettent à mon service !

— Comme tu as dû être heureux !

— Ça oui, j'étais heureux. Là-bas, les jours et les nuits ont toujours la même longueur, il n'y a pas de saison et le temps passe très vite… Bon, il faut que tu rentres maintenant.

Une chouette hulule dans le parc. Les chauves-souris volent entre les arbres.

Une fois seul, Joseph monte au grenier et cherche dans une caisse où s'entassent d'antiques photos. Il ouvre des enveloppes jaunes et observe avec attention les visages du passé en noir et blanc. Son père en habit militaire ; « mon salaud » a toujours le même regard dur sous ses gros sourcils qui dissimulaient si bien ses pensées. Joseph parcourt ainsi un grand nombre de clichés, puis il s'arrête sur un petit format qu'il contemple longuement. C'est ce qu'il cherchait. Le voilà à onze ans en compagnie de Margot, une fillette brune. Son visage à lui est brouillé par une tache grise, de sorte qu'il ne voit pas nettement ses propres traits.

— J'en avais une autre ! La même et bien nette, mais qu'est-ce qu'elle est devenue ? murmure-t-il en poursuivant sa recherche.

Après avoir déplacé une grande quantité de papiers, il bâille.

— On verra ça demain !

Une voiture s'arrête dans la cour. Albert, grand, maigre, le pas mal assuré, en ouvre le coffre. Son visage hâlé, taillé de profondes rides, dénote l'homme qui a passé sa vie au grand air. Cet éleveur avisé a su donner un bel essor à la propriété familiale : son fils exporte désormais dans le monde entier des reproducteurs des races limousine et blonde d'Aquitaine.

Joseph le rejoint. Les deux hommes n'ont pas besoin de parler pour se comprendre. « J'ai quatre ans de plus que lui, mais à l'école je le défendais comme mon petit frère, déclare Albert à qui veut l'entendre. Et puis la vie a tourné, pour lui comme pour moi, mais on est restés proches. »

— Tout est là, dit-il. J'ai pas eu de mal à dénicher un petit compresseur d'occasion.

Ils déchargent les caisses lourdes et les emportent dans l'atelier. Quand ils ont terminé, ils se rendent au potager. Le ciel est gris ce matin, mais Albert, qui a appris à prévoir le temps à des signes infimes, ne croit pas à l'orage :

— Il a dû pleuvoir sur Bordeaux. Mais ça ne passera pas ici. Ecoute les tourterelles, c'est pas leur chant de pluie.

Joseph tend l'oreille et constate lui aussi que le mauvais temps n'est pas pour aujourd'hui. Ils inspectent les légumes. Albert en connaisseur commente :

— Ta terre est bonne, mais tu devrais couper ce frêne, il fait trop d'ombre.

— J'y ai pensé, admet Joseph. Mais l'ombre n'est pas mauvaise pour la laitue. Je vais juste l'élaguer.

Ils s'éloignent en prenant soin de ne pas déranger le rouge-queue dont ils entendent les petits piailler dans la cruche renversée.

— Et pour le moteur, demande Albert, tu as du nouveau ?

— Oui, je crois que j'en ai un ! J'ai téléphoné à des copains qui ont gardé le contact avec les spécialistes de Bordeaux. Mais ce sera pour aller le chercher… Il est lourd. Faut qu'il soit en place le jour où ils vont commencer les travaux. Alors, je les ferai venir et je leur dirai : « Voilà ma réponse à votre projet à la con ! »

— Mais qu'est-ce que tu as fait de ta camionnette ?

— Je l'ai prêtée à Jérôme, tu sais, le fils de Margot. Il va la ramener ce soir.

Ils retournent au hangar, dont Joseph ferme toujours soigneusement les portes. Quelle est cette réponse qu'il prépare contre son expropriation ? Personne n'en sait rien, mais les suppositions vont bon train dans le village. Le mot « pharaonique » occupe les conversations, même si personne n'ose s'approcher du local interdit, Joseph ayant prévenu que s'il trouvait quelqu'un en train de tenter d'entrer dans son atelier il le chasserait à coups de fusil.

Les deux hommes eux-mêmes sont étonnés par leur réalisation. Ce que les néons éclairent paraît tellement invraisemblable dans ce village loin de l'océan qu'ils doutent de ce qu'ils voient. Ils l'ont vu grandir, prendre forme au fil des mois, et ils se demandent toujours s'ils ne sont pas en train de rêver.

— Tout de même, c'est quelque chose ! constate le paysan en retraite.

— On a beau être habitués, savoir que c'est nous qui l'avons fabriqué, on a du mal à y croire !

Ils se serrent la main avec un sourire satisfait. En face de leur réalisation presque terminée, ils ne pensent plus aux nombreuses difficultés qu'ils ont eu à surmonter.

— Tu comprends bien que c'est la manière dont un Lespaud doit répondre à ces petits fonctionnaires ! On va tellement en parler que ça va leur faire tout drôle !

— Et on leur montrera notre cul ! Ils nous croient finis, mais ils vont voir que les vieux ne sont pas juste bons à caser dans leurs maisons de retraite !

Ils échangent un grand sourire, puis Albert devient grave :

— Et les deux autres, on leur en parle ? Il faudra bien les mettre dans la confidence !

— Attends demain, suggère Joseph. Je vais d'abord aller chercher le moteur. Je pars tôt avec le Trafic. Je ferai le tour dans la journée.

— Je voudrais bien venir avec toi, mais je sais pas comment présenter la chose à mon fils et à ma bru... Ils s'inquiètent pour moi. Avec ma malformation du cœur...

Joseph lance un regard méprisant à son ami. Il n'a jamais compris qu'Albert se laisse dicter sa conduite par un fils prétentieux et une bru aussi bête qu'une oie. Le paysan a survécu soixante-dix-sept ans à une prétendue malformation cardiaque qui lui a valu de ne pas faire d'armée, mais ne l'a jamais empêché de travailler dur tout au long de sa vie.

— Ta maladie les sert bien ! Mais laisse, tranche Joseph. Là-bas, ils auront ce qu'il faut pour charger le moteur. Tu me donneras un coup de main à mon retour.

Albert monte dans sa voiture et s'en va. Une fois seul, Joseph se rend de nouveau à son potager. Comme son père autrefois, il trouve toujours le temps de s'occuper de son lopin de terre. « C'est en souvenir de l'océan et des boîtes de conserve ! » dit-il souvent. Il cultive toutes sortes de légumes qu'il cuisine lui-même. « C'est autre chose que ce que tu achètes au Super U ! » Chaque soir, il se prépare du bouillon à l'ancienne, avec de larges tranches de pain. Puis, il fait « chabrol » : une rasade de vin dans un restant de soupe brûlante. C'est aigre, légèrement piquant, du bonheur pour les papilles.

Le mois de juin a été pluvieux et frais. Des grandes herbes poussent entre les massifs. Il faudrait profiter de cette journée sèche pour biner, aérer le sol, mais Joseph n'en a plus envie : « A quoi bon ? Ils vont tout détruire ! » Alors, il rentre chez lui, désœuvré comme chaque fois qu'il ne travaille pas dans son atelier.

La nuit tombe lentement, plus sombre que les jours derniers. Une voiture s'arrête dans la cour. Jérôme claque la portière du Trafic.

— Tu arrives à point, dit Joseph. Demain, je dois partir à Bordeaux chercher du matériel !

Jérôme remercie le vieil homme et lui tend un paquet.

— C'est quoi, demande Joseph, intrigué.

— Une bouteille de bon vin. Je ne savais pas quoi vous offrir !

— Bon, c'est pas ça, mais il faut que je me couche de bonne heure. Je vais partir vers cinq heures du matin.

Jérôme remercie encore, puis s'en va. Arrivé à la porte de sa maison, Joseph a tout à coup l'impression que le sol se dérobe sous ses pieds. Ce n'est pas la première fois qu'il ressent un tel malaise ; d'ordinaire ça passe rapidement, mais ce soir, après la valse des arbres, il perd l'équilibre et tombe sur les marches. Le choc le réveille, il se redresse vivement, porte la main à son front entaillé qui saigne. Son cœur bat très fort, et lui fait mal. Georges le regarde de ses yeux larmoyants de vieux chien. « Mais qu'est-ce qui m'arrive ? » Il a le souffle court ; une masse de plomb pèse sur ses épaules. Cela dure de longues minutes. Il s'assoit à côté de Georges. Puis, peu à peu son cœur reprend un rythme normal, il respire de nouveau. Ce n'était rien, pense-t-il. Un petit malaise comme beaucoup en ont. Surtout n'en parler à personne !

Pourtant, la tête lui tourne de nouveau. Une vive douleur irradie sa poitrine et descend jusqu'au ventre… Il voudrait courir pour échapper à la menace qu'il sent prête à l'engloutir. Il se met sur ses jambes et entre en trébuchant. « Mon gars, s'agit de tenir le coup, si tu dois partir demain à six heures ! » Quelque chose s'est détraqué en lui, mais il se force à ne pas y penser pour ne pas donner à l'événement une réalité qui contrarie ses projets. Il a envie de soupe, de sa bonne soupe de légumes et du chabrol qui guérissent tous les maux. Il en fait chauffer une pleine assiette au micro-ondes, l'avale prestement et se sent mieux.

Puis il va s'allonger sur son lit. Quand il est revenu à Beaulieu après vingt-neuf années d'absence, son père était mort depuis deux ans. Sa mère lui a dit : « On ne t'attendait plus ! » Il pense alors à Alexandre. « Un bon petit. Dommage qu'il ait mauvais caractère et qu'il pose toujours des questions idiotes ! » Sur cette pensée, un léger sourire écarte ses lèvres rouges dans sa barbe blanche. Il s'endort paisiblement et se réveille frais et dispos vers quatre heures du matin, s'asperge le visage d'eau froide. Il boit une tasse de café sans s'asseoir, puis appelle son chien, qu'il fait monter à côté de lui dans le Trafic. L'air est frais, le ciel clair annonce une belle journée.

A Bordeaux, il se rend à l'adresse qu'il a enregistrée dans son GPS. Une fois le moteur chargé, il prend le chemin du retour en direction de l'A89 quand il s'arrête :

— Nom de Dieu, j'allais oublier !

Il fait demi-tour, s'engage dans la vieille ville jusqu'à un parking. Il connaît Bordeaux et se rend dans un magasin sur le quai de Brienne et en ressort quelques instants plus tard, portant un paquet avec du ruban de cadeau qu'il pose à côté de lui.

Il est de retour à la Messonière vers quinze heures ; Albert le guette dans la cour. Joseph ouvre le battant arrière de sa camionnette.

— Regarde, il est neuf. Quatre cents chevaux. C'est un peu léger, mais on s'en contentera. Maintenant, faut réussir à le porter dans l'atelier. Tu as averti les autres ?

— Oui.

Joseph recule le Trafic jusqu'à la porte fermée du grand hangar. Henri et Paul vont arriver, fiers d'être enfin mis dans la confidence du projet pharaonique. Henri a pensé à des tas de choses. Lui qui regarde les documentaires à la télévision s'est demandé ce que les pharaons venaient faire à Beaulieu. Joseph est-il en train de construire une pyramide ? Paul, en ancien employé des services techniques de la ville de Brive, pense qu'il fabrique un monument en bois pour remplacer la fontaine sur la place. « Il me l'a pas dit comme ça, ment Paul, mais il y a fait plusieurs allusions en me parlant de la fontaine à sec six mois par an ! »

Joseph attend ses camarades au portail de la Messonière. Un cérémonial inhabituel puisque généralement il ne se dérange pas quand on lui rend visite. Paul arrive le premier ; le vieux marin l'invite à se rendre dans la cour. Puis Henri sort de sa Fiesta d'occasion, briquée avec soin. Alors, Joseph se place devant la porte du hangar et prend la parole d'une manière solennelle :

— Mes amis, c'est à vous que j'ai réservé la primeur de ce qui se trouve à l'intérieur de ce bâtiment. Vous allez être étonnés, que dis-je, médusés par ce que vous allez voir. Je ne vais pas me lancer dans un grand discours, mais je dois vous dire que je travaille à ça depuis plus de six ans, depuis que ces idiots ont décidé de faire passer une route à la place de la Messonière. C'est tellement extraordinaire qu'ils vont être montrés du doigt. Je ne voudrais pas être à leur place, parce qu'ils vont avoir une sacrée honte !

Enfin, il se tourne, pousse la porte qui roule sur le rail huilé avec un bruit de tôle. Grave, Albert entre le premier, suivi par Paul et Henri, toujours le dernier. Joseph allume les néons du plafond et enfin ils voient. Henri reste figé, incapable de faire un pas en avant. Paul se frotte les yeux parce qu'il croit rêver. Est-ce possible ? Le mot « pharaonique » est en dessous de la réalité. Ils sont là, sans voix, et Albert, qui a participé à la construction, découvre par la présence des deux autres, la démesure d'une réalisation qui lui était devenue ordinaire quand les portes étaient fermées. Au bout d'un long moment de silence où l'on entend les respirations, Paul dit d'une voix étranglée :

— Franchement, si on s'attendait à ça !

La gorge nouée par l'émotion, Henri ne peut pas parler. Lui qui à soixante-dix ans a conservé une naïveté d'enfant, comprend que l'extravagance de ce qu'il voit frise l'indécence. Il a toujours considéré Joseph comme supérieur aux autres, et il en a là l'éclatante démonstration.

— Incroyable, poursuit Paul, on t'admire.

Il est fier, Joseph. Il se place près d'Albert et regarde tour à tour les deux autres.

— Comment tu as eu l'idée ? demande encore l'ancien employé municipal. Tu es un marin, mais quand même !

Joseph sourit. Son regard en devient puéril. Il pose sa casquette, comme pour marquer le respect dû à son œuvre et surtout à son mérite.

— Ils me mettent dehors, alors je me suis construit une nouvelle maison ! On n'a pas fini d'en parler !

Les autres n'arrivent pas à détacher leur regard de l'énorme bateau posé sur des cales de bois. Immense. Incroyable dans ce village ! Cela dépasse leur entendement.

— Un paquebot, voilà ce que j'ai fait, déclare pompeusement Joseph. Il faut fixer le moteur.

L'aménagement intérieur n'est pas encore terminé, mais tant pis. Il est temps de le sortir de là.

Puis il ajoute sur un ton emphatique :

— Le papillon va quitter sa chrysalide et déployer ses grandes ailes !

— Un paquebot ! répète Henri. Oui, un paquebot ! C'est pas le *France*, mais quand même !

Joseph lui envoie un regard assassin.

— Qu'est-ce que t'en sais ? Tu l'as vu, le *France* ?

— Oui, à la télévision !

— A la télévision, s'emporte Joseph avec sa mauvaise foi habituelle, ils déforment tout pour nous montrer combien on est des minus ! Je déteste la télévision.

— Mais qu'est-ce que tu veux en faire ? demande Paul.

— Un bateau, c'est pas destiné à grimper aux arbres, se moque Joseph. Je vais naviguer : la mer m'appelle. Tu peux pas comprendre.

— Naviguer… répète Henri, plein de respect pour ce camarade qui ose défier les éléments, lui qui a peur de tout.

— Oui, naviguer, ajoute Joseph d'une voix retenue. Vous pourrez m'accompagner, si le cœur vous en dit. Je veux repartir sur les océans parce que je n'aurais jamais dû revenir à Beaulieu !

Ils font le tour de la coque, posent la main sur la tôle peinte comme pour se persuader qu'ils ne rêvent pas. La réalité dépasse ce qu'ils avaient imaginé. Comment une réalisation de cette taille a-t-elle pu naître si près de chez eux et si loin de la mer ? Henri Martel, qui ne manque pas de bon sens, demande :

— Mais comment tu vas l'emmener au port ? Et puis, il va falloir le sortir d'ici !

— T'occupe. On cassera le bâtiment et on l'emmènera par convoi spécial jusqu'à Bordeaux.

— Ça va coûter une fortune !

— Je m'en fous, conclut Joseph. Il y a plus important que l'argent dans la vie. Tiens, les hommes à la peau de cuivre n'avaient pas de monnaie, tout était à tout le monde. Tu avais faim ? Tu tendais la main et tu cueillais des fruits sur l'arbre voisin. Le gibier était partout, les rivières regorgeaient de poissons. Tu ne prenais que ce dont tu avais besoin, jamais plus. J'ai appris avec eux qu'on pouvait être heureux en ne possédant rien !

Ils le regardent étonnés, curieux et incrédules. Comment concevoir un monde sans argent ? se demande Henri. N'est-ce pas retomber au niveau des animaux ?

— Ils ne possèdent rien, comme des chiens ? ose-t-il.

Joseph le rembarre :

— Ils ne possédaient rien parce qu'ils possédaient tout. Dans leur système, il n'y avait ni riches ni pauvres. Tu comprends l'avantage ?

Henri n'est pas convaincu. Sans argent, pourquoi travailler ?

— Tout ça c'est bien beau, intervient Paul Berthoul, mais le pinard, hein, tu le trouves où ? Et le whisky ?

— Ils fabriquaient une boisson dans des troncs d'arbre creux, c'est mieux que le meilleur des vins, réplique Joseph.

— Peut-être, mais quand même… s'obstine Paul, c'était fait comment ?

— Je sais plus. Je crois qu'ils faisaient macérer des fruits avec des grosses chenilles pilées en bouillie.

Paul fait une grimace dégoûtée.

— Moi, je ne pourrai jamais boire ça, grogne Henri.

— Bah, on s'y fait, le rassure Joseph. Et tu finis par trouver ça très bon !

— Au fait, comment tu l'appelles, ton paquebot ?

— *Les Vieux d'abord*, propose Paul.

— Pas mal, admet Joseph. C'est le bateau des derniers hommes face aux robots conditionnés que sont devenus nos contemporains. On va l'appeler le *Liberté*.

— Mais liberté, c'est féminin, remarque encore Henri. Pourquoi pas « la » *Liberté* ?

— Parce que mon paquebot n'est pas une femelle. C'est un taureau qui ira affronter les vagues, c'est un combattant des embruns, c'est un couillu !

A court d'arguments dans son envolée lyrique, Joseph tranche :

— On va l'arroser ! Champagne, garçons !

Il ouvre le vieux frigo poussiéreux gardé dans un coin de l'atelier au milieu d'un fatras de planches et en sort une bouteille dont il fait sauter le bouchon.

Le lendemain, Joseph se lève avec un violent mal de tête. Il fait quelques pas dans la maison silencieuse où chaque objet, chaque meuble raconte l'histoire ancienne de son enfance qu'il ne reconnaît plus. Dans la cuisine, il met à chauffer une tasse de café au micro-ondes, boit d'un trait et fait la grimace. « Le champagne ne me va pas ! J'aime pas les bulles ! » se dit-il.

Il sort d'un pas mal assuré. Les moineaux cherchent des graines dans l'allée. Des tourterelles roucoulent ; la vie foisonne dans le parc de trois hectares. Il marche tranquillement sur le sentier que ses pas ont délimité entre les herbes. Il a du mal à respirer, une tenaille écrase sa poitrine. Le souffle court et bruyant, il s'arrête à l'ombre d'un sycomore, s'appuie contre l'écorce craquelée. Il a mal dormi ; une part de sa conscience est restée éveillée, à l'affût du moindre malaise. La gravité de ce qui lui est arrivé avant-hier l'angoisse. La machine ne fonctionne plus. La mort a frappé à sa porte, un premier avertissement ; il voudrait s'enfuir le plus loin possible, pour qu'elle ne le retrouve pas.

— Je devrais peut-être voir un médecin ! grogne-t-il en reprenant sa marche laborieuse.

Puis il constate que Georges n'est pas avec lui.

— Il se fait vieux, lui aussi !

Il inspecte son potager. De grosses marguerites s'épanouissent dans la rosée du matin. Les fleurs c'est comme la musique, pense-t-il, elles te disent que l'univers est généreux si tu sais le comprendre ! Il remarque un chou pointu et des petits pois dont les gousses ont grossi depuis la veille. « Va falloir que je fasse goûter ça au gamin. Le goût du printemps est tout entier dans ces légumes, ce chou qui une fois cuit fond dans la bouche en laissant une saveur unique. J'y pensais quand j'étais en mer, et c'est là que j'ai compris combien ces petites choses ordinaires sont précieuses ! »

Il s'éloigne et surveille deux palombes qui vont et viennent sur un vieux charme très branchu et épaissi par du lierre. Il se souvient du temps où il grimpait sur les plus hautes branches pour dénicher les buses blanches. Depuis, il a compris qu'il n'avait pas raison de détruire ces oiseaux de proie qu'on accusait de dépeupler les basses-cours. Mais que n'aurait-il pas fait pour impressionner Margot ? Il s'assoit en retrait et surveille le manège des deux palombes. Cette fois, c'est certain, leur nid est dans le lierre.

Il retourne à la maison avec le chou cueilli à la rosée du matin. Le meilleur moment, pense-t-il, pour les légumes. Alexandre s'étonne :

— Qu'est-ce que c'est ? Une salade ?

— Non, un chou, dit le vieil homme. Un légume très délicat quand on sait le respecter.

— J'aime pas les légumes, fait Alexandre avec une grimace de dégoût.

— Ah bon ? Et qu'est-ce que tu aimes ?

— Les frites, la purée et le poisson pané !

Joseph découpe le chou dans l'évier et le nettoie soigneusement. Une forte odeur de verdure fraîche remplit la pièce. Même Alexandre trouve ça agréable.

— Je vais le faire cuire dans l'eau. Ensuite, je le passerai à la poêle avec de l'huile d'olive et de l'ail, c'est tout. Tu m'en donneras des nouvelles !

Ce n'est pas la première fois que le gamin observe Joseph en train de préparer ses repas. Il lui demande :

— J'aimerais bien apprendre à faire la cuisine comme toi.

— Avant, tu dois apprendre à manger ! Attends-moi ici, j'ai quelque chose pour toi.

Joseph va dans la pièce voisine et revient avec un paquet cadeau qu'il tend à Alexandre.

— C'est pour toi, j'ai rapporté ça de Bordeaux !

Le visage de l'enfant est rouge de plaisir. Il n'ose pas prendre le paquet. Un sourire de convoitise plisse ses lèvres.

— Qu'est-ce que c'est ?

Il fait sauter le ruban, déchire le papier rouge et trouve une boîte allongée fermée avec du papier adhésif. Il en sort une flûte en bois verni d'un beau brun lumineux. Il tourne vers Joseph des yeux dans lesquels se lit une pointe de déception.

— Un pipeau ! s'exclame-t-il. Mais je sais pas en jouer...

— C'est pas un pipeau, c'est une flûte à bec, et je vais te montrer comment on en joue...

Joseph prend l'instrument entre ses mains, ajuste ses doigts sur les trous et joue *O Sole Mio*, la mélodie que Margot préférait entre toutes et qu'il chantait souvent. Alexandre écoute, la bouche entrouverte, le visage rond de plaisir. Les notes s'envolent, se mélangent, dansent dans l'air de cette cuisine qui sent bon le chou. L'enfant retient sa respiration pour ne rien manquer et oublie d'essuyer une larme qui roule sur sa joue. Quand Joseph s'arrête, il écoute encore le silence qui suit, plein de la lumière de la musique.

— Qu'est-ce que c'est beau ! fait-il, admiratif. Qui t'a appris ?

— J'aimais beaucoup la musique autrefois. Paraît que je chantais bien. J'entendais un air et je savais le rejouer. C'est pas difficile, vas-y, essaie...

Alexandre prend la flûte dans ses mains et s'applique à boucher les trous avec la pointe de ses doigts. Ses notes aigres lui arrachent une grimace.

— J'y arriverai jamais, c'est trop compliqué.

— Mais si, il faut que tu t'entraînes. Tu ne souffles pas trop fort au début. Et puis tu essaies de jouer quelque chose de facile, comme *Au clair de la lune*. Regarde comment je fais !

Joseph lui montre la position des doigts sur l'instrument. Alexandre s'applique, la langue entre les lèvres.

— Ouais, c'est facile ! J'ai compris ! Merci, Joseph, je vais m'entraîner et ce soir je saurai jouer !

Alexandre enfonce la flûte dans sa poche et s'en va.

Le silence retombe sur la maison. Joseph baisse le feu sous le chou. L'odeur lui rappelle son enfance dans cette même pièce. Georges arrive d'un pas lent et se dirige vers la porte ouverte. Joseph l'accompagne, va jusqu'au hangar puis revient à la maison. Du bout de la fourchette, il pique le chou, constate qu'il est cuit. Il l'égoutte dans une passoire et le met sur un plat à côté de la cuisinière.

Il sort de nouveau. Cette maudite douleur à la poitrine et le plomb dans sa tête le déséquilibrent. Finalement, il ne consultera pas un docteur : a-t-on jamais vu un médecin guérir quelqu'un ?

Pompon s'approche. L'âne vit en totale liberté dans le parc, où Joseph lui a construit un abri. L'animal secoue son unique oreille, s'ébroue et frotte son museau sur la poitrine de son maître.

— Mais tu vas me faire tomber !

Joseph jette un regard rapide au portail toujours ouvert, comme s'il attendait quelqu'un, puis se dirige vers le perron, suivi par Pompon, qui s'arrête à la première marche. Georges, qui est retourné se coucher sur sa couverture, lève sa tête de vieux chien vers son maître.

— Eh bien, mon bon ami, qu'est-ce qui t'arrive ?

Georges le regarde de ses grands yeux larmoyants. Les oreilles basses, l'animal fait un effort pour se mettre sur ses pattes, mais ne réussit pas à soulever son arrière-train.

— Tu es bancal, toi aussi ? Ça fait quelques jours que tu ne vas pas bien. Attends, je reviens !

Dans la cuisine, Joseph prend la bouteille de lait dans le réfrigérateur.

— C'est pour toi que je l'achète, parce que tu sais que le lait ne me réussit pas. Bois, et repose-toi, c'est tout ce qu'il te reste à faire.

Joseph sort de nouveau avec le sentiment de ne pas avoir accompli correctement le rite du matin. Il traverse le bosquet, arrive à une prairie que Pompon a piétinée. En face de lui, une maison aux murs couverts de lierre s'affaisse sous le poids d'une toiture envahie par la mousse. Il pousse la porte grise qui grince sur le plancher. Le désordre est immense, meubles décollés, chaises sans fond et ustensiles de cuisine épars sur la grande table couverte de crottes de rats. Le vieil homme reste un long moment pensif devant ce décor qui lui évoque ses jeunes années. « C'est là qu'on venait, avec Margot. La lumière était plus claire qu'aujourd'hui. Ce n'était pas le même soleil. » Cette pensée de sa jeunesse radieuse lui rappelle toujours le visage sérieux de son père et les mêmes mots lui reviennent aux lèvres :

— Mon salaud !

Il se sent désœuvré. Sa tête lui fait terriblement mal et il redoute une nouvelle attaque. Pourtant, le paquebot l'attend dans l'atelier et il n'a pas le temps d'être malade. Alors il se décide : « Penser à quelque chose, c'est le rendre réel, donc je ne pense pas à ce qui peut m'arriver ! » Il retourne dans son atelier et cherche un moyen pour fixer ce maudit moteur.

Un 4 × 4 noir s'arrête dans la cour. Genre voiture à en mettre plein la vue. Avec sur la portière l'autocollant des chasseurs de sangliers. Antoine Fréchon représente ce que Joseph déteste le plus : la prétention, la certitude d'avoir raison en tout, et surtout le goût de la chasse. Son neveu est artisan plombier, et gagne fort bien sa vie car il n'a pas de concurrent et applique les tarifs qui lui conviennent. Il fallait voir sa colère, l'autre année, quand un plombier polonais a voulu s'installer à Beaulieu ! Il lui a mené la vie tellement dure que l'autre est parti à Brive.

Antoine saute au bas de son véhicule et s'approche de Joseph, qui lui fait face.

— Tu m'as fait la honte, l'autre jour, à la mairie.

— Bah, qui a vu un cul a vu tous les culs du monde. Alors, maintenant fous-moi la paix.

— Non, Joseph, tempère le chasseur de sangliers. Sache que je me suis opposé à la destruction de la Messonière, qui raconte l'histoire de notre famille, mais l'intérêt général doit primer en tout.

— Tu mens fort bien, mon neveu ! Tu as voté la destruction de la Messonière parce que ta mère t'a poussé dans ce sens. Elle n'a jamais admis que je la garde. Elle espérait bien que je ne reviendrais jamais de la marine et que le domaine serait pour elle.

— La vérité, s'emporte Antoine, c'est que toi aussi, tu t'en fous, de la Messonière ! Tu as voulu la garder parce que tu détestes ma mère, ta propre sœur, et tu savais qu'elle souhaitait la reprendre...

— Fous-moi la paix ! conclut Joseph en s'éloignant.

Antoine le rattrape.

— Tu es trop content de crier sur tous les toits qu'on te met dehors ! Alors, on s'est arrangé avec Mme Marcelin, la directrice du Val-Fleuri. Elle a une chambre pour toi dans la partie foyer du troisième âge.

Joseph grimace. Voilà que le perfide neveu lui assène le coup de grâce. Il fait front :

— Jamais je n'irai dans ta maison de retraite.

— Ecoute, Joseph, ajoute Antoine tout à coup conciliant, tu y seras mieux qu'ici. Tu n'auras pas à te faire à manger ; ton linge sera lavé et repassé. Tu pourras sortir les après-midi et voir tes copains...

— La vie de château, quoi ! Et des tas d'autres vieux pour faire joujou. Des animateurs pour nous apprendre à dessiner, à faire des cocottes en papier, pour nous enseigner la valse et le tango ! On fera des soirées entre vieillards et vieillardes pour se donner l'impression d'être encore vivants. Et on sera loin de ceux qu'on emmerde ! Fous le camp, Antoine, fous le camp, tu me fatigues !

Antoine s'apprête à remonter en voiture quand son regard s'arrête sur la porte ouverte du garage. Surpris par ce qu'il entrevoit, il fait quelques pas, cligne des yeux. Le soleil luit sur son crâne sans cheveux.

— Mais qu'est-ce que c'est ?

Joseph lui renvoie un regard triomphant.

— Tu es aveugle ? C'est un bateau, comme on n'en a jamais construit à Beaulieu. J'y travaille depuis six ans ! C'est ma nouvelle maison, puisque vous me mettez hors de chez moi !

Antoine entre dans le hangar. Joseph allume les néons. L'adjoint au maire reste muet en faisant le tour du bateau, détaillant le pont, les hublots, la tour de pilotage.

— Nom de Dieu !

Joseph savoure la surprise de son neveu. Pour une fois, il a le beau rôle.

— Comme si je m'attendais à ça !

— Tu vois que ton vieil oncle n'est pas si maladroit que ça ! réplique Joseph. C'est ma réponse : tout le monde va en parler ! Je vais habiter sur la mer, et là, personne ne pourra m'exproprier !

Antoine sort du hangar, toujours incrédule, puis se retourne deux fois avant de monter dans son véhicule. Une fois seul, Joseph se dit qu'il doit faire vite. Il a installé un palan pour soulever le moteur. Tout est prêt pour le recevoir, le montage devrait être aisé. Mais cette foutue douleur le freine. Alors, il doute : « Ils ont raison. Etre vieux, c'est savoir partir sans faire de bruit, crever en se cachant dans un coin. Le monde ne s'arrête pas de tourner pour ça ! »

Il commence à amarrer le moteur à la longue chaîne du palan quand ses camarades arrivent. Au lieu de se retrouver au bistrot comme chaque matin, ils sont venus naturellement à la Messonière pour aider Joseph dans son œuvre.

— Quand même ! s'étonne encore le naïf Henri Martel, toisant le bateau de haut en bas. C'est quelque chose !

— On m'aurait dit que je verrais ça, je n'y aurais pas cru ! ajoute Paul Berthoul.

— On y va, ordonne Albert.

Ils se mettent au travail, poussant de toutes leurs forces pour déplacer l'énorme masse et la positionner dans son logement, il ne restera plus alors qu'à le raccorder à l'hélice. Ils ont beau s'aider de leviers, de crics, c'est toujours trop lourd. Grimaçants, ils forcent jusqu'à ce qu'Albert pousse un cri et porte la main à ses reins.

— J'ai trop forcé. Quelque chose vient de craquer là-dedans…

Il grimace et s'assoit.

— Bon, on fait une pause, décide Joseph.

Essoufflés, ils se massent le dos et les épaules. L'entreprise est au-dessus de leurs vieilles forces. Joseph se vante :

— Quand j'avais trente ans, ce moteur, je l'aurais soulevé seul !

— Ça, c'est vrai, admet Albert. On en aurait rigolé, mais on n'a plus trente ans !

— Avant, les vieux gardaient la mémoire du village, poursuit Joseph. Les jeunes avaient conscience d'appartenir à une tribu parce que les anciens étaient là. C'est fini. Il n'y a plus de tribu, plus d'histoire.

Plus de point d'ancrage. On entre dans le monde des barbares et on n'a pas fini de se taper sur la gueule ! Allez, les copains, au boulot ! Avec le *Liberté*, on va tourner le dos à un monde qui ne nous convient plus !

Ils se remettent au travail. Joseph, qui a fréquenté les chantiers nautiques, connaît les bonnes techniques qui permettent d'économiser les forces, mais cela ne suffit pas. Pourtant, à force d'insister, avec des cordes et le palan, malgré leurs douleurs au dos, ils réussissent enfin à positionner le moteur et à visser les boulons qui le retiennent en place. Cette victoire leur a pris une partie de la journée, mais Joseph est fier :

— J'avais tout prévu, heureusement ! Le bateau est prêt à quitter le chantier.

— Mais tu as un transporteur ? demande Paul. Ça va être tout un bazar de le faire passer par la route.

Joseph affiche un air confiant.

— On se débrouillera. Il faut montrer aux autres que même vieux on peut réussir des choses !

— Mais tu veux vraiment naviguer ? s'inquiète encore Paul.

— Oui. Je vais partir puisque je n'ai plus ma place ici. Chez les hommes à la peau de cuivre. Et vous pouvez venir avec moi, j'ai tout prévu.

Ils retournent dans la cour. Henri toise le bâtiment et demande :

— Comment qu'on va le sortir ?

— On va pas s'embêter, on va casser le mur. Puisqu'ils vont tout écrabouiller, un peu plus tôt ou un peu plus tard…

— Et si le toit dégringole ?

— C'est du solide, réplique Joseph. C'est mon père qui l'a construit, et mon père savait ce qu'il faisait ! Bon, si on allait chez Maria ? J'offre une tournée générale !

Sur la place, il fait très chaud, une chaleur lourde qui laisse prévoir des orages pour les prochains jours. Alexandre déboule sur son inséparable vélo et pile devant un groupe de badauds.

— Vous savez ce que Joseph a fabriqué dans son hangar ? crie-t-il. Je l'ai vu parce qu'il a oublié de fermer les portes !

Le maire sort du Super U avec ses courses et s'approche de l'enfant.

— Eh bien, il a construit un bateau, annonce Alexandre d'une voix pleine d'admiration. Un énorme bateau !

— Qu'est-ce que tu racontes ? Pour construire un bateau, il faut être ingénieur.

— Je vous jure qu'il a construit un bateau. Même qu'ils ont fixé un moteur et qu'ils ont dit qu'ils allaient écraser l'atelier pour l'emmener à la mer. Je les ai entendus en parler, j'étais caché derrière un arbre.

Massoni n'y croit pas et téléphone aussitôt à Antoine Fréchon, son premier adjoint, sans l'avis de qui il ne prend aucune décision.

— Tu sais ce que je viens d'entendre ? Joseph aurait construit un bateau dans son atelier. Le petit Alexandre Buget dit qu'il est énorme...

— Oui, c'est incroyable. Je m'apprêtais à t'appeler. Attends-moi à la Messonière, j'arrive tout de suite.

Dix minutes plus tard, les deux hommes se retrouvent devant le portail déglingué.

— Ça dépasse l'entendement, dit Antoine. Qui aurait pu imaginer que mon oncle soit capable d'un tel prodige ?

— Il est au village. On a le temps. Entrons, décide le maire.

Ils se dirigent vers le vaste hangar à gauche de la maison, s'approchent de la porte ouverte en retenant leurs pas et leur respiration, comme s'ils redoutaient de surprendre quelque animal dangereux. Ce qu'ils voient les laisse un long moment médusés, incapables de formuler leurs pensées. Enfin, Patrick Massoni bouge, fait un pas en direction de l'énorme bateau, pose sa main sur la coque qui émet un son métallique.

— Franchement…

C'est le seul mot qui sort de sa bouche. Antoine, lui, n'en revient toujours pas ! Comment son oncle, réputé pour sa paresse, a-t-il pu accomplir cet énorme travail, qui demande aussi pas mal de connaissances techniques ?

— Si je m'étais douté qu'il faisait ça !

— Mais quelle idée lui a passé par la tête ?

Ils font le tour et s'arrêtent devant l'hélice à trois grosses pales en spirale.

— Il s'est engagé dans la marine, on ne sait pas pourquoi. Je ne pensais pas qu'il aimait le bateau à ce point !

— Je n'en reviens pas ! s'étonne Patrick Massoni. Mais on peut pas le laisser là. Les ouvriers vont commencer à raser tout ça au début de la semaine.

Dans la soirée, le va-et-vient des véhicules devant le portail de la Messonière est incessant. La nouvelle s'est répandue comme un feu de brindilles et on accourt des hameaux voisins pour voir l'extraordinaire réalisation de Joseph. Les gens entrent dans la cour, s'arrêtent devant les portes ouvertes, n'osant pas s'aventurer à l'intérieur du hangar. Les commentaires vont bon train. Comment un homme comme Joseph a-t-il pu réaliser un tel exploit ? Certains doutent et cherchent une explication plausible à la présence d'un si gros bateau. Et puis, n'est-ce pas incongru à Beaulieu ?

— C'est comme si tu donnais des ailes à une taupe ! déclare un habitant.

Mais Joseph triomphe.

En rentrant du bistrot, il remarque que le ciel se brouille à l'horizon : des lambeaux de nuages s'étalent devant le soleil qui se couche. A la Messonière, les curieux sont partis. Il abandonne son Trafic à sa place habituelle, sous le grand tilleul à côté de la tour carrée. Puis il marche dans le sentier en direction de son potager. Il a fait très chaud et il doit arroser ses plantes.

— Joseph !

Alexandre le rejoint en courant. Joseph s'arrête sous un chêne d'où il voit l'ouest et le soleil couchant. Le gamin dans un élan spontané lui prend la main. Joseph sent sa peau fine et chaude sous ses doigts rugueux, et inspire profondément comme pour chasser un voile toujours prêt à lui embuer le regard.

— Ça y est, je sais jouer de la flûte !

Alexandre embouche le petit instrument et commence à jouer *Au clair de la lune.* Joseph écoute, un sourire ravi naît dans sa barbe.

— Tu vois que c'est pas difficile !

Alexandre range sa flûte. Il n'est pas venu à cette heure pour parler de musique, mais pour répéter ce qu'il a entendu.

— Tu sais ce qu'ils disent, au village ? Ils disent que tu as fait un exploit !

— Je sais, répond Joseph, sans quitter des yeux le couchant. Tu vois ces nuages, on dirait des torchons qui épongent le sang du soleil. C'est pas bon signe.

Alexandre cligne des yeux et observe longuement l'horizon au-dessus des collines. C'est la première fois qu'il prend le temps de contempler le coucher du soleil. D'ordinaire, à cette heure, il est chez lui, souvent dans sa chambre, à jouer avec sa tablette, mais ce soir, son père n'étant pas rentré, il est venu chercher la compagnie de Joseph.

— Quand le soleil est comme ça, fait le vieil homme, tu as l'impression qu'il est malade, qu'il saigne tout son sang. C'est de l'orage pour demain.

— De l'orage ? demande Alexandre avec une pointe d'angoisse. J'ai peur du tonnerre !

Joseph se gratte les cheveux. Les orages de Beaulieu ne sont rien à côté des tempêtes qu'il a connues sur les océans. Il y trouve même un certain agrément :

— Tu ne risques rien. Tu rentres chez toi et tu regardes les éclairs. Tu sais, l'orage au mois de juillet, c'est de la vie que le ciel nous envoie. Alors qu'en mer, c'est la mort ! Viens, je vais te montrer quelque chose au potager tant qu'il fait encore jour.

La fraîcheur tombe. Les moustiques harcèlent Alexandre, qui trépigne et fait de grands gestes des bras pour les chasser de sa figure et de ses mollets nus.

— Pas besoin d'arroser, les plantes attendront demain ; la pluie d'orage est meilleure que l'eau du puits. Viens.

Ils s'éloignent par le sentier qui longe la petite maison au fond du parc, descendent entre de grandes herbes qui frôlent les jambes de l'enfant. Alexandre s'empare de nouveau de la main du vieil homme, car il n'est pas très rassuré à cet endroit où il a entendu de curieux bruits, comme des râles, des plaintes venues de nulle part.

— C'est une chouette qui habite dans le tronc de ce marronnier creux, explique Joseph. Ces oiseaux-là n'aiment pas se montrer. Ils ne sortent que la nuit !

Près du bord de la Vézère, la fraîcheur surprend l'enfant, qui serre un peu plus la main du vieil homme. Une multitude d'insectes volent sur l'eau.

— Tu vois, ces gros insectes jaunes et maladroits, ce sont des éphémères. Ils sortent de l'eau pour pondre leurs œufs et meurent aussitôt. On les appelle « mouches de mai », même s'ils éclosent en juin et en juillet.

— C'est pas marrant pour eux !

— Suis celui-là des yeux. Tu vas voir.

Les ailes délicates de l'éphémère se bloquent, il tombe, les ailes battent de nouveau au ras de la surface et il repart pour tomber un peu plus loin. Aussitôt, un éclair perce la surface.

— Un gros chevesne, explique Joseph. Si c'était plus clair tu pourrais le voir sous la surface. Tous les poissons aiment les mouches de mai, et les hirondelles aussi !

Tout à coup, la surface entière est trouée par les gobages. L'eau bout. Des poissons sautent entièrement hors de l'eau pour capturer des insectes qui leur échappent. On entend comme des bruits de cailloux jetés dans le courant.

— C'est ce que les pêcheurs appellent la folie du soir, poursuit Joseph. Tous les poissons se mettent à gober en même temps et puis, au bout d'une minute, parfois moins, ils s'arrêtent. Je sais pas qui est le maître de ballet, mais il est formidable !

— C'est chouette ! dit le gamin, étonné par cette abondance de vie. Mais comment tu as appris tout ça ?

— Quand tu vis ici, tu n'as rien à apprendre, tu n'as qu'à regarder autour de toi !

Ils reviennent vers la maison. Dans la cour, un homme les attend.

— Tiens, ton père ! dit Joseph. Tu sais que j'avais aussi les cheveux blancs à son âge ! Mais moi, c'était à cause de l'air marin.

Jérôme salue Joseph et s'adresse à son fils :

— On te cherche depuis une heure, avec Marie ! Qu'est-ce que tu fiches encore ?

— Joseph m'a montré la rivière. Il y avait des poissons partout qui sautaient hors de l'eau pour attraper les moustiques ! Et puis, il dit qu'il y aura de l'orage demain !

— Tu sais que je ne veux pas que tu viennes ici sans ma permission.

— Tu n'étais pas rentré ! s'écrie le gamin, qui court à son vélo et passe le portail debout sur les pédales.

Jérôme reste seul avec Joseph. Il a vu le bateau et s'exclame :

— Vous êtes très fort ! Mais ma mère ne veut pas que je laisse Alexandre venir à la Messonière. Elle dit que cette propriété est maléfique, qu'elle porte malheur à qui s'en approche. Et je crois que c'est vrai !

— Ah bon, et pourquoi tu crois ça ?

Jérôme n'a jamais su cacher le fond de sa pensée, ce qui lui a valu pas mal de déboires, surtout dans son travail. Il fait un pas en direction du portail et explique :

— Quand j'étais gamin, j'ai surpris tant de conversations entre mes parents, ils se disputaient tout le temps ! Et ils parlaient souvent de vous ! Je sais que vous deviez vous marier avec ma mère et que vous l'avez abandonnée sans rien lui dire pour la marine nationale.

— Sache que j'ai toujours été honnête, réplique vivement Joseph. Et que je n'ai jamais oublié ta mère, la preuve, je ne me suis pas marié, alors qu'elle...

Il pousse un gros soupir, ajoute :

— Tu diras à ta mère que ce que j'ai fait, c'était... c'était parce que je ne pouvais pas faire autrement !

— En tout cas, merci encore pour m'avoir dépanné ! lance Jérôme en s'éloignant.

Une nuit d'été, légère, qui ne s'accroche pas au sol, tombe doucement. Une lumière diffuse flotte à la hauteur des herbes et le ciel reste clair. De gros insectes volent avec un ronflement de moteur. Joseph entre dans son hangar, allume les néons et son œuvre apparaît dans sa démesure. Une grosse boule d'orgueil gonfle sa poitrine.

— Le *Liberté*, ça te va bien. On va en faire des grandes choses, tous les deux.

Quelles grandes choses ? Un tel bateau ne peut pas se piloter seul à travers l'Atlantique ! D'ailleurs, est-il assez solide pour faire face aux grosses vagues ? Depuis son attaque, l'autre soir, il pense aux hommes à la peau de cuivre. Quand l'un d'eux mourait dans le village, ils emportaient le corps très loin, et le brûlaient avec des plantes particulières qui facilitaient sa nouvelle vie, car on ne mourait jamais complètement, on vivait sous une autre forme.

Il rentre chez lui, passe dans sa chambre et contemple une photo des années cinquante posée sur la commode. Une jeune fille, très brune avec un regard profond, presque mystérieux, adresse au photographe un sourire un peu emprunté mais plein de grâce. Joseph avait dix-sept ans, elle seize. Margot habitait la maison voisine de la Messonière, où Jérôme et Alexandre ont emménagé récemment. Ils allaient se promener tous les deux au bord de la Vézère, s'asseyaient sur la berge. L'eau reflétait un soleil qui ne brille plus de la même lumière. Le printemps avait des odeurs qui manquent aux printemps d'aujourd'hui. Ils bavardaient de tout et de rien, si heureux d'être ensemble ! Ils s'aimaient, d'un amour naïf qui se contentait de baisers pudiques. Joseph lui écrivait des poèmes. Elle les trouvait beaux, mais lui, savait qu'ils étaient quelconques, que les bons mots, les belles images lui échappaient chaque fois qu'il voulait les saisir. Parfois, elle l'entraînait au fond du parc et lui disait : « Chante, mon beau rossignol. » Alors Joseph chantait les airs à la mode et les vieilles chansons qui la faisaient pleurer.

— C'était ta grand-mère, alors tu comprends pourquoi je t'aime bien, Alexandre ? murmure-t-il en se tournant vers la porte, comme si le gamin était là à l'écouter.

Henri est le quatrième mousquetaire. Très amoché par la vie. Enfant de la DDASS, qui l'a placé dans une ferme proche de Beaulieu, chez la vieille Joséphine Maleret, dont il est devenu le domestique, l'homme à tout faire. Il a toujours été inférieur, celui que les enfants tutoient. Vieux garçon par la force des choses. A la mort de sa patronne, les héritiers, qui habitaient Toulouse, l'ont mis à la porte. Il a dormi pendant quelque temps dans une cabane de planches au bord de la rivière, puis, à l'âge de la retraite, il a eu assez d'argent pour s'acheter une maisonnette dans le bas de Beaulieu. Il l'a retapée avec amour et y vit dans un ordre et une propreté de maniaque. Les enfants se moquent de lui, les adultes l'appellent Pinocchio. Il n'a personne pour lui à part Maria au bistrot, qui lui prépare parfois à manger et le rabroue quand il oublie de se laver car ce délaissé qui n'a jamais rien eu, s'il est exigeant pour sa petite propriété, néglige volontiers sa personne. Son grand frère, son maître, celui qu'il suivrait partout parce qu'il est supérieur aux autres, c'est Joseph. Pour Henri, le peureux, le timide, la gouaille de celui qui ose parler franc, qui montre son cul à la municipalité, est un réconfort constant. Près de lui, il ne risque rien.

Quand on lui pose la question de ses origines, quand on lui demande ce que contenait son dossier de la DDASS, il se renfrogne. Son visage noir se contracte. Il gratte ses abondants cheveux gris.

« C'est mon affaire ! »

Ce n'est pas un ivrogne, mais il boit parfois avec ses copains. Le vin chasse les pensées sombres qui le harcèlent, celles de son enfance perdue et de cette mère qui n'a pas voulu l'élever, et lui met de la joie au cœur.

Personne n'imagine sa douleur profonde, sa solitude, son besoin des autres. Et combien certaines remarques le blessent :

« Dis-moi, l'Henri, tu es toujours puceau ? »

Mortifié, il ne répond pas. Parfois, il se force à sourire, à accepter la dérision pour en atténuer la portée. C'est vrai qu'il n'a jamais connu de femme. Comment pourrait-il en être autrement puisqu'il est moche et inintéressant ; en approcher une serait la salir. Plus jeune, il avait été tenté par les filles qui tapinaient discrètement à Brive dans une rue proche de la gare. Il était allé s'y promener, mais dès que l'une d'elles l'accostait, il fuyait, honteux de ses désirs coupables.

Maintenant, tout va bien. Il aimerait partir sur le bateau de Joseph vers un pays heureux, mais il ne peut pas abandonner sa maison. Lui qui a l'impression de ne pas être comme les autres, de ne pas mériter la moindre attention, n'ayant pas été digne de l'amour d'une mère, sait qu'avec ce petit bien il est un citoyen à part entière de Beaulieu. « Je paie mes impôts ! » dit-il fièrement.

Ce soir, la télévision l'ennuie. Impossible pour lui de chasser de ses pensées l'image du magnifique bateau de Joseph. Il pense aux hommes à la peau de cuivre, « beaux comme des Patagons ». Dommage qu'ils soient aussi loin, Henri aurait peut-être été heureux parmi eux. Il sort ; sa voiture est garée devant le portail. D'ordinaire, Henri la rentre au garage car il redoute que des malveillants rayent sa peinture. Il s'assoit au volant et quitte le village en direction de la Messonière. Il hésite à passer le portail, puis entre et arrête son véhicule à côté du Trafic. Il trouve Joseph assis sur les marches du perron, en train de prendre le frais.

— Ah, c'est toi, Henri, fait le vieil homme. Viens t'asseoir un instant ici. Il fait tellement bon écouter les bruits de la nuit. Tu entends cette chouette ? Elle a son nid dans le marronnier creux près de la maison au fond du parc.

— J'avais pas envie de regarder la télé, alors je suis parti au hasard, explique Henri. Et j'ai pensé à ton bateau.

— Tu as bien fait. Tu sais, il n'a pas besoin d'être au milieu des mers pour nous emporter. Il suffit de le regarder pour imaginer qu'on est au bout du monde.

— Toi, peut-être, parce que tu as voyagé, mais moi, je n'ai jamais quitté la ferme de la vieille Joséphine.

Ils se taisent. Un vent frais s'est levé et caresse leur visage. Henri n'a pas besoin de parler. Près de Joseph, il ne désire rien, il laisse son esprit flotter au hasard des étoiles qui s'allument, de la lune qu'il voit à travers les branchages du tilleul, il oublie sa solitude de petit oiseau jeté hors du nid.

Il est déjà tard. Alexandre attend son père. Jérôme l'a averti qu'il rentrerait un peu plus tard que d'habitude. L'enfant a mangé chez Marie puis a exprimé le désir de rentrer chez lui. L'institutrice en retraite ne s'y est pas opposée : sa maison se trouve juste en face, il n'y a que la rue à traverser, elle ira le voir dans un moment si Jérôme n'est toujours pas arrivé.

Pour Alexandre c'est l'heure du rendez-vous téléphonique avec sa mère. Il voudrait ne plus jamais l'entendre. Pourtant quand elle ne l'appelle pas il s'inquiète. Le téléphone sonne à vingt heures comme chaque soir avec ponctualité. Il décroche et Caroline lui répète son habituelle rengaine :

— Tu vas bien, mon chéri ? T'es sûr que tu ne veux pas habiter avec moi et Flavien ? Tu serais bien, tu sais, Flavien est si gentil !

Alexandre voudrait crier sa révolte, pourtant il se tait, le téléphone collé à l'oreille. Il pense aux disputes de ses parents. Des cris et des menaces. Un soir, son père a giflé sa mère, qui sans un mot est allée s'enfermer à clef dans sa chambre. Jérôme a passé la nuit sur le canapé.

— Marie est très gentille, poursuit Caroline. Je sais que tu es bien chez elle, mais elle est vieille et je m'inquiète. Paraît que tu te promènes toute la journée sur ton vélo. Je redoute un accident. Je serais plus tranquille si tu venais avec moi ! Tu sais, il ne faut pas m'en vouloir, c'était plus possible avec ton père.

Autrefois, elle disait « papa », maintenant, c'est « ton père ». Un fossé s'est creusé entre eux et Alexandre se trouve au milieu, tout au fond.

— Non, je vais bien, je veux rester à Beaulieu ! dit-il.

— Pourquoi tu ne viendrais pas passer un week-end chez nous ? Mamie Margot serait heureuse de te voir…

— Mamie Margot ne veut pas de moi, tranche Alexandre. Elle a toujours refusé de me garder et je ne veux plus jamais aller à Montpellier. C'est trop loin !

— Tu t'es fait des copains, dis-moi ?

— Non, j'ai pas de copains et je n'en veux pas. Je suis très bien tout seul avec mon vélo !

Sa mère proteste, mais n'obtenant aucun écho, se lance dans les recommandations habituelles :

« Prends bien garde à toi, je t'aime. » Ce dernier mot hérisse Alexandre, lui donne envie de fracasser le téléphone sur le carrelage, mais ne pas l'entendre lui ferait autant de mal. Enfin, elle annonce le cadeau tant de fois réclamé :

— Je vais t'apporter un portable. Tu pourras me joindre à tout moment.

Quand il a raccroché, le silence de la maison, émaillé de tas de petits bruits, craquements du plancher, grincements, angoisse Alexandre. Que fait son père ? Pour se rassurer, il pense à Joseph, près de qui rien de mal ne peut lui arriver. S'il osait affronter la nuit du sous-sol où il a rangé son vélo, il le rejoindrait.

Enfin, la voiture de son père s'arrête dans la cour. Alexandre court au-devant de Jérôme et l'embrasse avec effusion. Il sent l'odeur d'anis de son haleine. Son père est encore allé au bistrot au lieu de rentrer au plus vite.

Jérôme sort un restant de poulet du réfrigérateur et le met à chauffer au micro-ondes.

— Tu as mangé ?

— Oui, chez Marie. Elle me force. Elle trouve que je ne mange pas assez !

Le téléphone, de nouveau. C'est le deuxième appel régulier du soir. Margot s'inquiète pour son fils, qui doit se débrouiller seul avec Alexandre. Jérôme décroche tout en posant une assiette sur la table. Le fumet du poulet chaud incite Alexandre à sortir une deuxième assiette, qu'il place en face de celle de son père.

— Oui, je suis rentré un peu plus tard que d'habitude. J'avais averti Marie, qui a fait manger Alexandre. T'en fais pas, on se débrouille, tous les deux. Tiens, je te le passe !

L'enfant prend le téléphone à contrecœur. Il sait d'avance ce que sa grand-mère va lui dire, mais il l'écoute.

— Tu vas bien, mon chéri ? Marie m'a dit que tu allais chez Joseph tous les jours ?

— Joseph est gentil et tu sais ce qu'il a fait ? Un grand bateau pour aller au milieu de la mer !

— Que ne ferait-il pas pour se montrer ? reprend Margot d'une voix sifflante. Ce n'est pas un exemple à suivre, et puis il ne va t'apprendre que des mauvaises choses.

— C'est pas vrai ! hurle le gamin. Joseph m'apprend à regarder autour de moi ! C'est lui qui l'a dit !

Il rend le téléphone à son père, à qui Margot recommande encore de ne pas le laisser aller à la Messonière.

— Je ne serai tranquille que quand je le saurai loin de Beaulieu.

— Bah, Joseph n'est pas un mauvais homme. Il m'a prêté sa camionnette pendant toute une journée.

— Méfie-toi de lui : il te fait bonne figure pour mieux te frapper par-derrière !

A la fin de l'été, Alexandre va devoir retourner au collège, mais où ? A Montpellier ? Il ne veut pas quitter Beaulieu. Il ne saurait dire ce qui le retient dans cette maison où sa grand-mère a grandi, si proche de la Messonière, qu'il ne connaissait pas avant que son père vienne se réfugier à Beaulieu. Il a l'impression d'être chez lui, d'y avoir toujours vécu.

La pensée du bateau de Joseph se profile devant lui, énorme, magnifique. Jérôme repose le téléphone et serre son fils dans ses bras, puis il lui dit :

— Mamie n'est pas contente. Tu sais bien qu'elle n'aime pas Joseph.

— Mais moi, je l'aime bien ! crie l'enfant en courant dans sa chambre, dont il ferme vivement la porte.

Il se couche et s'endort presque aussitôt. Il vogue sur le bateau de Joseph. Les vagues secouent l'embarcation qui monte vers le ciel et tombe dans des creux profonds. Mais il n'a pas peur. Joseph, sa casquette de capitaine abaissée sur le front, tient la barre. Ils sont partis chez les hommes à la peau de cuivre, là où les crocodiles sont aussi serrés que des baguettes chez le boulanger.

Le bruit de la douche le réveille. Il se lève et trouve Jérôme dans le couloir, une serviette de bain attachée à la taille. Les cheveux mouillés, son visage paraît plus jeune que d'habitude, plus clair. Sans un mot, il serre l'enfant dans ses bras.

Alexandre se donne à cette étreinte qui lui fait un bien infini. Il voudrait dire à son père combien il l'aime, mais quelque chose l'en empêche. Ils vont dans la cuisine.

— Assieds-toi, je vais préparer ton petit déj !

Alexandre est heureux. Son père s'occupe de lui, il n'est pas complètement seul, même si l'image de sa mère le hante. Il regarde Jérôme sortir le bol du placard, prendre le lait dans le réfrigérateur, autant de gestes simples et rassurants.

— On se débrouille bien, tous les deux ! dit Jérôme en posant le bol de lait dans le micro-ondes. Pourtant, tu ne peux pas rester là. J'ai pensé que tu pouvais aller chez ma cousine Amélie, tu sais celle qui venait à Montpellier chez mamie Margot. On était très copains tous les deux.

— Oui, je sais, grogne Alexandre.

Il a souvent entendu parler de la cousine Amélie. Elle ne peut pas avoir d'enfant et rêve de garder Alexandre pendant les vacances. On dit aussi qu'elle est malade, une maladie qui ne se voit pas mais l'empêche de travailler, et elle s'ennuie. Son mari est professeur de français. Et naturellement, il s'est proposé pour faire travailler Alexandre. Non, il n'a pas envie d'aller chez cette cousine qu'il a vue une fois ou deux.

— C'est où, Naves ? demande-t-il tout à coup.

— Pas loin de Tulle. A une trentaine de kilomètres d'ici.

— Je veux rester à Beaulieu.

— Ecoute, Alexandre, insiste Jérôme, la situation est assez compliquée comme ça sans en rajouter ! Je ne veux plus que tu restes ici seul toute la journée, J'ai peur que tu aies un accident.

— Et à la rentrée, qu'est-ce que je vais faire ?

— On a pensé que la pension serait le mieux pour toi. Tu vas aller en pension au collège à Brive.

Interne à Brive ! Loin de la Vézère, de la Messonière et sans son vélo, autant dire en prison !

— Je veux pas aller en pension !

— C'est ce qui convient pour ton avenir. Je t'en prie, essaie de faire un effort pour comprendre…

— Tu te débarrasses de moi, c'est tout !

L'enfant sort vivement, laissant sur la table son bol de lait chaud et sa tartine beurrée. Il enfourche son vélo et s'éloigne à grands coups de pédale.

Ce matin, Joseph se lève avec la tête lourde. Dans sa cuisine, il ouvre la porte à Georges puis se fait chauffer une tasse de café. Il boit sans s'asseoir et sort à son tour. Le spectacle du matin lui a tant manqué quand il était en mer. Parfois des albatros accompagnaient le bateau, seule vie dans l'immensité liquide. Joseph enviait ces oiseaux totalement libres, capables de parcourir des milliers de kilomètres sans se poser.

Il s'arrête au milieu de la cour, écoute les bruits du village que lui apporte le vent de l'ouest. Au ciel, des lambeaux de nuages flottent très haut, comme des coups de pinceau maladroits sur le bleu clair. Le soleil monte derrière les grands chênes du parc. Pas de vent, une chaleur lourde pèse sur les épaules. Les cigales crissent. Ces détails indiquent à Joseph que l'orage éclatera avant la nuit. Il marche dans le sentier. Des lapins surpris détalent devant lui. Il inspecte ses légumes, cueille une tomate et la mange, toujours émerveillé par les saveurs que la nature invente avec générosité.

Il fait un détour par la rivière qui borde le parc sur près de cinq cents mètres. Des poissons endormis sous la surface s'enfuient à son approche. Les hirondelles patrouillent sur le courant à la recherche des derniers éphémères. Le soleil se brise en étincelles dans les cascades. Joseph se souvient de ce matin où l'orage les avait surpris, lui et Margot, près du Gour Noir. Ils s'étaient blottis l'un contre l'autre, assis sur la mousse, et avaient attendu, sursautant à chaque claquement du tonnerre.

Dans la cour, plusieurs personnes qu'il ne connaît pas l'attendent. L'une d'elles lui tend la main.

— Julien Permet, de la 3, vous êtes bien M. Lespaud ? Nous venons pour faire un reportage sur vous et votre bateau.

Un camion de régie se gare dans la cour, un peu en retrait pour ne pas masquer la façade de la maison. Des techniciens installent des projecteurs à l'intérieur de l'atelier, branchent des câbles, fixent des micros, Joseph leur demande un peu de temps pour aller faire sa toilette et changer de vêtements.

— Mais non, vous êtes plus nature comme ça ! dit le commentateur.

Un assistant le place à côté de son bateau qu'un cameraman a longuement filmé et le journaliste commence les questions. Aveuglé par les projecteurs, le vieil homme soigne son attitude en clignant des yeux. Des curieux attirés par le remue-ménage se sont attroupés à la porte. Joseph cherche ses mots.

— Qu'est-ce qui vous a poussé à fabriquer ce bateau ?

C'est la question tant attendue, celle par laquelle son travail prend un sens :

— On me jette hors de chez moi, alors j'ai construit ce bateau pour aller sur la mer, où personne ne pourra m'exproprier.

Il scrute la foule. « Qu'est-ce qu'il fout, le gamin ? » se demande-t-il tout en répondant avec beaucoup de complaisance aux questions. Le voilà hissé au rang de vedette et ça lui plaît. « Si Margot voit ça, espère-t-il, elle comprendra que c'est aussi pour elle que je l'ai construit, ce bateau, pour qu'elle sache que je suis toujours vivant ! » Il raconte comment il a dessiné les plans, évoque ses difficultés pendant la réalisation, se complaît à trouver des anecdotes où il se donne le beau rôle sous les regards admiratifs des voisins. Alexandre arrive enfin, pose son vélo au milieu des voitures, se faufile au premier rang des curieux. Joseph l'aperçoit, son visage s'éclaire ; il reprend ses récits en forçant un peu sa voix pour qu'on l'entende mieux.

Le reportage dure deux longues heures. Un journaliste de *La Montagne* fait des photos, un correspondant de *Sud Ouest* prend des notes. Le maire et ses adjoints arrivent enfin et demandent qu'on les laisse passer. Massoni dit au journaliste :

— C'est merveilleux, n'est-ce pas ? Joseph est un grand bonhomme !

— Il dit qu'il a construit ce bateau parce qu'il est exproprié de sa maison, réplique le journaliste. Quelle est votre réponse ?

C'est bien ce que redoutait Massoni. Joseph sort le grand jeu pour porter à l'échelle régionale, peut-être nationale, l'aménagement de Beaulieu. Il se présente en victime de l'administration aveugle et les gens seront avec lui. Il imagine déjà des groupes de manifestants venant camper à la Messonière pour empêcher les travaux.

— Ma réponse, c'est qu'on ne peut pas arrêter le progrès. Mais je vous rassure, il a été très largement indemnisé, bien au-dessus de la valeur de son bien, tempère le maire. Il peut s'acheter une autre maison, en meilleur état que celle-là s'il le souhaite.

Vers onze heures, tout le monde est parti. Pour les mousquetaires, le travail commence. Il fait très chaud et lourd, mais cela ne les décourage pas. Trois échelles sont dressées contre le hangar. Henri se met à casser le mur en briques. Au sol, Albert remplit sa brouette de gravats qu'il faut débarrasser pour permettre le passage du bateau. Alexandre regarde les vieux travailler avec entrain. Des curieux se proposent pour donner un coup de main, Joseph est heureux.

— Et Paul ? Pourquoi il n'est pas là ? demande Joseph, étonné de l'absence du quatrième larron à un moment si important.

— Je crois qu'il a appris une très mauvaise nouvelle. Sa femme est morte brutalement, hier au soir, répond Henri.

— La pauvre Martine ! Elle était plus jeune que moi, grogne Joseph. Mais ça fait bien vingt ans qu'ils sont séparés !

— Oui, dit Albert, elle est partie en 1991. Je m'en souviens parce que c'est l'année où on a fait construire notre maison.

Une camionnette pile dans la cour. Jérôme en sort, impatient et en colère ; il s'approche d'Alexandre, qui risque à tout moment de recevoir un parpaing sur la tête.

— Toi, tu vas aller au centre aéré, lance-t-il. Je ne veux pas que tu restes ici, où tu risques de te blesser.

— Lâche-moi ! hurle le gamin. Je veux pas aller au centre aéré !

Jérôme pousse son fils dans sa camionnette. Du haut de son échelle Joseph assiste à la scène, mais n'intervient pas : il n'a cessé de crier au gamin de se tenir à l'écart, mais le petit curieux ne l'écoute pas. Jérôme, avant de s'asseoir au volant, observe un instant les trois vieux au travail et ne peut s'empêcher de murmurer :

— Ce Joseph, c'est quand même quelqu'un !

Ils s'activent jusqu'au milieu de l'après-midi. Albert se masse les épaules. Les gestes d'Henri sont moins assurés et Joseph au faîtage passe beaucoup de temps à regarder autour de lui le parc qu'il découvre de haut.

— Bon, fait Albert en posant la brouette, ça commence à tirer. Si on faisait la pause ?

Joseph descend du toit lentement en positionnant ses pieds sur les barreaux. La certitude que la démolition prendra plus de temps que prévu le contrarie. Il ne faudrait pas que les autres arrivent avec leurs pelleteuses avant que le bateau soit libre !

— Foutu temps, marmonne Henri. Il y a seulement dix ans, je tenais encore le coup !

— Et moi, répond Albert en se massant les épaules. Un taureau de trois ans ne me faisait pas peur, alors que maintenant...

La vérité de cette affirmation les accable. Les douleurs de leurs vieux corps les bloquent, gênent leurs gestes et sapent leur moral, car les parpaings d'aujourd'hui sont beaucoup plus lourds que ceux d'antan.

Ils décident d'aller casser une croûte chez Maria. La mort de Martine les préoccupe. Ils l'ont tous connue, et son décès leur rappelle leur propre précarité.

— Paraît qu'elle est tombée d'un coup, précise Henri. C'est le facteur qui me l'a dit, ce matin.

Le ciel a perdu sa belle couleur lumineuse. A l'horizon une barrière de nuages monte lentement. Joseph suit l'avancée de l'orage avec l'instinct du marin qui en connaît les dangers. Pour lui, tout va mal : il pensait casser le mur en une matinée et se dit maintenant qu'une semaine ne sera pas de trop.

— A notre âge, il faut un hôpital à proximité ! admet Albert, qui a mal aux épaules et se demande si cette douleur est bien due au travail de force ou à une maladie sournoise qui se réveille à l'occasion.

Joseph sent sa tête toujours aussi lourde et son mal de poitrine s'est intensifié. Seul Henri a bien supporté l'effort, mais il ne peut se détacher d'un rêve fait la nuit dernière. Une femme monstrueuse, couverte d'écailles avec un visage de salamandre, lui annonçait qu'elle était sa mère et qu'il était le fils d'un crapaud.

Une fois seul, Joseph retourne au potager. Avec la certitude que ses bons légumes sont les meilleurs remèdes à toutes les tracasseries dues à l'âge, il cueille trois belles tomates bien rouges, une laitue, deux oignons (Le meilleur des médicaments, c'est pas par hasard si les anciens Egyptiens en avaient fait une divinité, pense-t-il), et rentre préparer une bonne salade.

Henri, qui s'est contenté d'un casse-croûte, arrive vers deux heures. Il est d'attaque pour reprendre la démolition du mur, mais Joseph n'est pas pressé.

— On continuera demain. Regarde, il va pleuvoir. L'important, annonce-t-il, c'est d'être prêts à temps.

— Tu t'es arrangé avec un transporteur pour convoyer le bateau ?

— Oui. Il faut des tas d'autorisations. Il faut un encadrement de sécurité pour arrêter la circulation. Au moins deux véhicules devant et autant derrière. Brissol le transporteur s'occupe de tout. Tu penses, ça lui fait de la pub !

— Quand même, s'étonne encore Henri, un aussi gros bateau qui flotte ! Quand je pense que je sais pas nager !

— Le poids est un avantage dans les tempêtes, professe Joseph.

— Les tempêtes ? fait Albert. Tu y as pensé ?

— Bien sûr, mais tu peux me faire confiance, j'ai du métier !

L'immense bateau presque libre malmène la tranquillité d'esprit qu'Henri s'est fabriquée à force de déni. Le paquebot a remué la vase au fond de son esprit et lui a remis en mémoire de mauvais souvenirs, avec cette question obsédante : « Qu'est-ce que je fais là ? » Sa lâcheté l'a toujours empêché de chercher ses origines par peur d'être déçu, car le fils de personne croit encore à l'amour d'une mère.

Le courage de Joseph le pousse à bousculer ses peurs. Ce midi, il est entré dans la pièce vide à côté de sa chambre, celle que les anciens propriétaires appelaient la chambre d'amis, mais comme Henri n'a pas d'amis, c'est devenu un débarras. Il y range tout ce dont il n'a pas besoin ou qu'il ne veut pas avoir constamment sous les yeux. La commode récupérée dans une brocante contient ses papiers importants, principalement l'acte du notaire le faisant propriétaire de sa maison, son seul bien, qu'il ne doit à personne. Sa niche.

Il a ouvert le tiroir, pris l'enveloppe cachetée de la DDASS. Il a eu plusieurs fois envie de la brûler, mais quelque chose l'a toujours retenu.

Puis il a pensé la confier à Joseph pour qu'il la lise à sa place et a renoncé, redoutant d'être rejeté par le seul être qui compte pour lui. Le mensonge ou l'ignorance sont parfois préférables à la vérité. Henri est né à Périgueux, ça, il le sait depuis longtemps, mais quel ventre l'a porté ?

Il a sorti un couteau, glissé la lame au pli, puis il s'est ravisé. Un seul regard au contenu peut effacer sa petite quiétude. Alors il a posé le couteau et replacé l'enveloppe dans le tiroir. Là, devant Joseph qui semble si solide, sa lâcheté l'écrase. Alors il parle :

— Je suis passé chez Paul. Ses enfants ne veulent pas le voir. Il est seul dans son coin. L'enterrement de Martine est prévu demain à Brive.

— On porte tous nos misères ! admet Joseph.

— Paul est très malheureux. Il dit que tout est de sa faute, qu'il n'a pensé qu'à lui tout le temps, les voyages de pêche, les copains, les banquets, tout son argent y passait. Alors, la pauvre Martine en a eu marre, elle est partie.

— C'est comme ça, ajoute philosophiquement Joseph, les gens ont tout pour être heureux, mais ils ne le comprennent que trop tard.

Il pousse un gros soupir en pensant à sa propre vie, au paradis qu'elle lui a refusé après le lui avoir fait miroiter pendant des années, à sa fuite dans la marine.

— Des fois, je me dis que c'est toi le plus chanceux, Henri. Tu n'as de comptes à rendre à personne.

— Tu crois ça, mais c'est pas vrai.

Joseph s'éloigne dans le petit sentier. Henri, qui comprend que son ami a besoin d'être seul, s'en va. Alexandre, qui ne cessait de faire des allées et venues devant le portail, le rejoint alors.

— Qu'est-ce que tu fais là ? lui demande Joseph. Je te croyais au centre aéré.

— J'ai pas voulu y aller, et mon père fait beaucoup de bruit comme ça, mais il est gentil et me cède tout le temps. J'ai demandé à Marie la permission d'aller me promener, elle est toujours d'accord. J'aurais bien voulu qu'elle soit ma maîtresse d'école !

Ils marchent dans le sentier et s'arrêtent à l'ombre en bordure de la prairie où Pompon passe ses journées. L'animal, agacé par les mouches, se frotte sous les branches basses pour chasser les insectes. Il vient au-devant de Joseph, qui le caresse un instant.

— C'est l'orage qui le gêne. Les animaux n'aiment pas ça.

Le temps est immobile. Pas une feuille ne bouge. Les oiseaux se taisent. Pas un seul papillon sur les fleurs sauvages. Le ciel pèse sur les épaules. Le temps semble suspendu dans l'attente du premier coup de tonnerre. Joseph montre à l'enfant les gros nuages noirs frangés d'une légère chevelure dorée qui avancent vers le soleil.

— Dis, Joseph, c'est vrai ce que me dit ma grand-mère, qu'il y a un souterrain qui part de la Messonière et va jusqu'à l'église ?

— Suis-moi.

Ils reviennent sur leurs pas, longent le hangar et entrent dans la maison. Joseph prend une lampe électrique dans la cuisine, ouvre une porte basse qui donne sur une sorte de remise où sont entreposés des cageots, des jarres qui servaient autrefois à conserver la viande salée, des bouteilles. Alexandre, peu rassuré, se rapproche de Joseph. D'immenses toiles d'araignée pendent aux poutres, lourdes de poussière. Un escalier en pierre descend dans les entrailles de la terre. Il fait presque froid ; Alexandre frissonne.

— C'est ça, le souterrain ? demande l'enfant d'une voix blanche.

— Non, c'est l'entrée de la cave.

Ils s'y engagent. La lampe éclaire de gros blocs où l'on voit encore les marques de burin des anciens tailleurs. Ils arrivent dans une salle très sonore. Des tremblements agitent les membres d'Alexandre, frigorifié autant par la peur que par l'humidité ambiante et l'odeur aigre qui pique les narines.

— C'est tout ce qui reste de l'ancien château. Tu vois, comme ils sont idiots de raser la Messonière. Cette cave a pas loin de mille ans. Tu imagines les hommes qui l'ont construite ? Moi, ça me fait quelque chose de penser à eux !

— C'est là qu'ils enfermaient les prisonniers et qu'ils les laissaient mourir de faim ? questionne naïvement l'enfant.

— Le souterrain est là !

Joseph braque sa lampe sur un passage en ogive.

— Avec ta grand-mère on l'a suivi assez loin, mais pas jusqu'au bout, parce que le plafond est écroulé.

— J'ai peur, murmure Alexandre en se serrant contre le vieil homme.

— Quand le château était assiégé, les gens transitaient par là pour aller chercher du ravitaillement.

Joseph pénètre dans le passage étroit et très bas. Alexandre redoute de voir surgir quelque fantôme ou monstre, caché là et attendant ses proies depuis des siècles. Joseph braque sa lampe à ses pieds. Alexandre découvre un petit animal, une sorte de lézard aux couleurs noires et dorées.

— Une salamandre, dit le vieil homme. Ces animaux n'aiment ni la chaleur ni le soleil. Ils passent leur vie cachés dans les endroits les plus sombres et humides. Tu les jettes dans le feu, ils ne brûlent pas ! Ce sont les bêtes du diable !

— Je ne voudrais pas être une salamandre ! constate Alexandre d'une voix retenue.

Ils ne vont pas très loin : le passage est obstrué par d'énormes blocs détachés du plafond. Ils remontent. Rassuré, Alexandre a l'impression de sortir de l'enfer, d'un monde figé où ne peuvent vivre que les animaux de l'enfer, les salamandres et d'immondes vers visqueux.

Ils sortent. Joseph a hâte de voir où en est l'orage. La lumière éblouit le gamin, qui ne lâche pas la main du vieil homme. Un premier coup de tonnerre les avertit que la pluie est imminente.

— Il faut rentrer, ça va tomber !

— Je dois avertir Marie. Elle va se faire du souci pour moi.

— On va l'appeler.

Joseph chausse ses lunettes et cherche sur l'annuaire le numéro de Marie, puis décroche son téléphone. La conversation est vite expédiée.

— Voilà, c'est fait. Elle dit que tu attendes la fin de la pluie.

Ils s'approchent de la fenêtre ouverte et regardent les premières gouttes s'écraser sur le gravier. Le tonnerre gronde au loin. Joseph constate :

— Le gros de la troupe n'est pas encore là. J'espère qu'il ne va pas y avoir de grêle, mes tomates n'aiment pas ça.

Le vent agite les grands chênes. Les claquements secs de la foudre surprennent l'enfant, qui se serre contre Joseph. La pluie redouble. Des flaques se forment dans la cour. Joseph pense aux orages marins, aux vagues qui ballottaient le navire, à la pluie gelée.

— En mer, l'orage, c'est de l'eau qui tombe dans de l'eau, c'est rien. Ici, c'est la vie !

L'averse ne dure pas. Le ciel se dégage, le soleil luit sur les feuilles mouillées. Ils sortent dans la cour.

— Tu sens l'odeur de la terre qui vit ? demande Joseph.

Le tonnerre gronde au loin. L'herbe fume au soleil. Pompon arrive et tend son unique oreille vers les hommes, comme pour leur demander conseil.

— Les animaux redoutent l'orage, surtout les ânes et les chevaux, à cause de leurs fers qui attirent la foudre. Maintenant, va vite : Marie t'attend.

Chaque matin, Alexandre se rend chez Marie, qui lui prépare son petit déjeuner. Il a pris ses habitudes chez cette retraitée qui reste une enseignante avant tout. L'ancienne institutrice l'oblige à travailler chaque matin en contrepartie de sa liberté.

Après deux heures de calcul et de français, il pédale au hasard des rues, en évitant le centre-ville où on pourrait se demander ce qu'il fait seul à longueur de journée. Il préfère la campagne et la forêt voisine, où personne ne le remarque.

Il s'arrête devant le portail de la Messonière. Le Trafic n'est pas là, donc Joseph doit être parti au village. Alors, il entre dans le hangar, monte les barreaux de l'échelle un à un avec une curiosité de petit voleur. Il arrive sur le pont et regarde autour de lui. Des lucarnes éclairent l'ensemble d'une lumière blanche sans relief. Le voilà en haute mer, le visage fouetté par les embruns. Autour de lui, des dauphins folâtrent. Il scrute l'horizon en espérant apercevoir la terre à travers la brume. Zut, des pirates ! Il court dans le poste de pilotage, tourne la barre pour échapper aux bandits qui l'ont pris en chasse. Comment Joseph a-t-il pu construire cette merveille ? Il descend un escalier, entre dans la grande salle avec une table au milieu, des sièges amarrés au sol, une cuisine sur la droite, un évier en inox, des réchauds, un micro-ondes. Tout ce qu'il faut pour vivre plusieurs jours coupé du monde, le temps de rejoindre chez les hommes à la peau de cuivre des enfants de son âge, libres d'aller où bon leur semble, de pêcher, de chasser sans contrainte dans un pays sans hiver. La vie de paradis.

La pièce suivante comporte deux couchettes et des étagères pleines de livres. Joseph veut-il emporter tous ceux de la Messonière ? Non, le bateau coulerait sous le poids. Et puis, là-bas, il n'aura pas le temps de lire. Cette manière d'occuper le temps n'a pas sa place là où la réalité surpasse les rêves. Se laisser aller, passer sa vie à se prélasser au soleil, dormir à l'ombre des grandes plantes aux feuilles déployées, ne rien faire, ne rien désirer, l'oisiveté de Georges couché sur sa couverture, que souhaiter de plus ?

— Qu'est-ce que tu fais là ? Tu ne sais pas que c'est interdit !

Alexandre n'a pas entendu le propriétaire arriver. Joseph monte à l'échelle.

— Je voulais voir comment c'est fait, un bateau. Tout le monde en parle, alors, tu comprends…

Joseph sourit dans sa barbe. Il attire le gamin contre lui.

— Ce bateau, c'est… comment te dire, c'est… ce sera ma maison !

— Dis-moi, les enfants à la peau de cuivre, ils apprenaient l'orthographe ?

— Non, ils apprenaient la forêt, les rivières, la nature. Mais ne crois pas que c'était sans danger, bien au contraire. Il y a des pumas qui attaquent les hommes. Alors, on attache les petits enfants par la jambe quand ils commencent à marcher, pour qu'ils ne s'éloignent pas. La nature ne fait pas de cadeaux. Il faut savoir se défendre des serpents, des araignées et de tas de bestioles dangereuses, mais c'est facile en suivant l'exemple des grandes personnes.

Alexandre est terrorisé par les pumas, les serpents et les araignées. Il se demande s'il a encore envie de partir. Joseph remarque son hésitation et poursuit :

— La tribu, c'est une grande famille. Les gens ne sont jamais tristes et les enfants ne sont pas punis parce qu'ils ne désobéissent pas. Ils savent que ce que les parents leur demandent est indispensable à leur survie.

— Mais qui commande ? Il faut bien un chef.

— Non, pas de chef. Et il ne viendrait à l'idée de personne de faire ce qui est interdit. Ils n'ont pas d'argent ; ils ne construisent pas de routes, leurs maisons sont en feuilles de palmier. Ainsi, ils sont riches de leur dépouillement, de la forêt qui leur donne tout ce dont ils ont besoin. Ils partent à la chasse et rapportent de quoi manger. Leur langue n'a pas de mot pour désigner le travail.

— Comme ça doit être bien, de vivre là-bas !

— Oui, c'est formidable, mais il ne faut pas le dire parce que les gens d'ici iraient et ça deviendrait très moche. Bon, maintenant, il faut que tu rentres ! Ton père va te chercher et tu sais qu'il n'aime pas que tu viennes chez moi.

— Je m'en fous. Je viendrai quand même.

Alexandre descend prestement l'échelle. Joseph le suit. Il a mal aux bras et aux jambes. Il avait projeté de continuer seul à enlever les parpaings, mais il n'en a pas la force.

A la maison, il caresse Georges, et s'assoit sur son lit. En face, sur la commode, Margot le regarde avec un léger sourire. Cette photo, il l'a retrouvée par hasard en fouillant dans les vieilleries après la mort de sa mère et l'a posée là pour la voir tous les jours.

— Si tu savais la vérité ! murmure-t-il. Mais je n'ai pas le droit de te la dire, ça te ferait trop de mal !

Le lendemain matin, il se lève, toujours courbaturé, les membres pleins de douleurs. La certitude que la démolition du mur va prendre plus de temps que prévu le décourage. Albert arrive le premier. Lui aussi marche péniblement, comme bossu.

— On a un peu forcé, j'ai mal partout !

— Et moi donc !

Seul Henri se sent d'attaque. Il lui tarde que le bateau soit libre. Sa lâcheté de la veille au moment d'ouvrir l'enveloppe lui pèse sur l'estomac, à tel point qu'il a décidé quelque chose.

— Et Paul ? demande Joseph.

— Il est à l'enterrement de Martine, rappelle Henri en retroussant les manches de sa chemise.

Quelques instants plus tard, Alexandre fait déraper son vélo sur le gravillon de la cour. Tout excité, il court vers les trois hommes en brandissant un journal.

— Joseph ! s'écrie-il. Tu es en photo dans le journal ! Ils parlent de ton bateau, ils disent que c'est un « exploit » !

Le gamin tient la feuille devant le visage de Joseph qui, sans ses lunettes, voit vaguement sa photo, mais n'arrive pas à lire le texte.

— Tu es célèbre dans le monde entier ! Tu es une vedette ! dit encore l'enfant.

Alexandre s'éloigne à grands coups de pédale. Il doit aller travailler avec Marie, qui a donné l'autorisation, exceptionnelle, pour montrer le journal à Joseph. Quand il arrive chez sa gardienne, une voiture s'arrête à sa hauteur.

— Alexandre !

Une femme sort du véhicule et lui tend les bras avec un grand sourire. Sa mère, Caroline comme il l'appelle, car le mot « maman » lui écorche désormais les lèvres. Il hésite, il ne sait pas s'il doit répondre à son invitation d'étreinte qui le tente ou s'enfuir, ce qui le tente aussi.

— Mon chéri, fait la femme en le serrant contre elle, je t'apporte ton téléphone portable pour que tu puisses m'appeler à tout instant.

Elle lui donne une boîte empaquetée dans du papier cadeau.

— Si j'ai bien compris, pendant que ton père est au travail, toi, tu restes seul toute la journée et tu vas voir Joseph ?

— Non, je vais faire des devoirs chez Marie. Et puis, Joseph est un grand homme, c'est écrit dans le journal et il va passer à la télé.

— Ça ne me plaît pas. Je l'ai dit au juge. Ton père ne remplit pas son rôle. La garde va lui être retirée.

— Je veux rester ici !

— On te demande pas ton avis. Allez, viens, je t'emmène.

— Non ! crie le gamin en s'échappant.

Il enfourche son vélo et disparaît en direction de la Messonière, s'enfonce dans un sentier où ne passe pas la voiture.

Quelques minutes plus tard, Jérôme arrive.

— Je constate que tu ne t'occupes pas d'Alexandre, lui reproche Caroline. On m'a dit que tu rentrais soûl tous les soirs et que le gamin est livré à lui-même. Heureusement que cette pauvre Marie est là !

— Tu peux parler, toi qui as quitté notre maison pour ton olibrius ! hurle Jérôme.

Alexandre, caché derrière la haie de la ruelle, entend tout. Chaque parole haineuse de ses parents plante en lui sa lame brûlante. Personne ne le trouvera puisque, de là, il peut passer par une trouée du mur dans le parc de la Messonière qu'il connaît comme sa poche !

Quand le mur est entièrement démoli, les parpaings correctement rangés sur le côté, les mousquetaires sont satisfaits. Albert va chercher un tracteur de sa ferme pour sortir le *Liberté*, construit sur une lourde remorque. En voyant son œuvre apparaître à la lumière crue du jour, Joseph enlève sa casquette, se gratte la tête, pensif.

— Il est quand même bien beau ! confie-t-il avec émotion.

Paul les rejoint. Une fois la cérémonie d'enterrement terminée, ses enfants lui ont dit qu'ils ne voulaient plus le voir, qu'il retourne à Beaulieu et, s'il ne pouvait pas se débrouiller seul, qu'il aille à la maison de retraite, mais qu'il ne compte pas sur eux pour payer sa pension.

— Tu ne peux pas savoir comme ça m'a fait mal ! dit-il à Albert.

Il admire le bateau et s'excuse de ne pas pouvoir rester. Les gens de Beaulieu, quelques journalistes sont là et font des photos. Joseph répond aux questions en jouant le modeste :

— C'est pas moi qui l'ai construit. C'est quelqu'un qui me ressemble, mais c'est pas moi, j'en suis bien incapable.

En effet, rien de cette immense réalisation ne lui correspond. Ce fainéant a accompli un travail démesuré. Là, au milieu de la cour antique, le bateau dérange.

— Et c'est quand que tu l'emmènes à la mer ?

— Le plus vite possible. Faut que je voie avec le transporteur.

Le soir, à la tombée de la nuit, le maire et son adjoint arrivent à la Messonière. Ils contemplent en silence le grand bateau. Joseph est fier devant ces hommes importants de montrer ce qu'il a pu réaliser avec de petits moyens et beaucoup de patience. Son neveu le tance :

— Tu n'as pas pu t'empêcher de t'en prendre à la municipalité devant une caméra. Ce n'est pas digne d'un officier de la marine nationale !

— Vous n'avez jamais voulu m'écouter !

— Bon, ce qui est fait est fait ! admet Patrick Massoni. Il faut un certificat de navigabilité. Et comment tu vas le transporter à Bordeaux ? C'est pas la porte à côté !

— C'est mon affaire. J'ai demandé à un transporteur spécialisé dans les grands volumes.

— Je voulais te dire, ajoute le maire, les travaux vont commencer dans quelques jours. Il faudra que tu aies enlevé ton bateau.

Seul, Joseph reste un long moment au portail à guetter la maison voisine. Jérôme n'est pas rentré. Alexandre non plus. D'ordinaire, le gamin tourne dans la rue avec son vélo. Le vieux solitaire mesure combien ce petit bout d'homme a pris de place dans sa solitude.

Il se dit qu'avant de quitter définitivement Beaulieu le moment est venu de se mettre en règle avec le passé. Maintenant que les journaux ont parlé de lui, il se sent plus fort pour affronter celle qui a toujours occupé ses pensées. La revoir une seule fois avant de disparaître, le seul bonheur qu'il peut s'accorder.

Ainsi, le lendemain, de bonne heure, se rend-il à Brive, au service du cadastre. Il se présente à un bureau où on lui demande de remplir une fiche. Une heure plus tard, il a enfin le renseignement recherché : une adresse à Montpellier. Il aurait pu la demander à Alexandre, mais ne veut pas le mêler à son histoire.

Il rentre à la Messonière, s'arrête quelques minutes devant le bateau auquel le soleil de midi ajoute du relief. Georges est sorti sur le pas de la porte, la tête basse, les pattes avant légèrement écartées. Joseph le caresse avec douceur. Le vieux chien dort la majeure partie de sa journée. Depuis deux jours, il ne mange plus, ce qui inquiète le vieil homme. A son tour, Pompon vient chercher une caresse. L'âne frotte son museau contre la poitrine de Joseph et s'éloigne dans le bosquet.

Joseph téléphone au transporteur, qui lui annonce ne pas pouvoir déplacer le bateau avant deux mois car il doit obtenir toutes les autorisations de l'administration, et s'assurer le concours de la gendarmerie.

— Mais ce n'est pas possible. Je dois partir la semaine prochaine…

— Peut-être, mais moi, je ne peux pas faire ce travail sans autorisation.

— Je sais, je sais ! crie Joseph en raccrochant.

Il se rend chez Maria. Albert et Henri sont déjà là qui l'attendent et comprennent à sa mine sombre que rien ne va comme il le souhaite.

— Et Paul ?

— Il ne veut voir personne. Faut lui laisser un peu de temps.

— Je vais partir pour une ou deux journées, annonce Joseph. Ensuite, on s'occupera du *Liberté*.

Il remonte à la Messonière. Le maire l'aperçoit par une fenêtre de l'hôtel de ville et se tourne vers le chef des services de voirie, avec qui il délimite la taille d'un nouveau rond-point.

— Depuis que Joseph a montré son bateau, on ne parle que de l'aménagement de la Messonière. Et ça remet beaucoup de choses en question…

— Tu as raison. Si on veut éviter que ça prenne trop d'importance, il faut faire vite, et commencer les travaux dans les prochains jours.

— Justement, poursuit Massoni. Et on ne peut rien faire tant que le bateau est là ! C'est quand même un vieux malin, ce Joseph !

— Tu crois qu'il va pouvoir naviguer ?

— J'en sais rien, mais le transport jusqu'à Bordeaux va prendre un temps fou. Tout ça peut durer plusieurs mois.

— Qu'est-ce que tu vas faire ?

— J'ai pensé à quelque chose qui pourrait mettre tout le monde d'accord.

Joseph traverse la place de Beaulieu sous un soleil éclatant. Depuis qu'ils l'ont vu à la télévision, les gens parlent de la Messonière qu'on va raser et mettent en doute la nécessité d'un tel aménagement. Le marin est dans toutes les conversations, les regards admiratifs se posent sur lui. Le *Liberté* fait de lui le personnage le plus important de la commune et ça lui convient. Il s'imagine en train de donner une conférence au collège devant un tapis de jeunes Alexandre admiratifs. Le voilà enfin au-dessus de la mêlée, fort de ses aventures au bout du monde copieusement enjolivées au fil des années. Maintenant, la municipalité ne peut rien faire sans risquer une émeute.

Henri a été tenté de suivre Joseph sur la mer, puis il a renoncé : il doit rester à Beaulieu, où sa petite maison fait de lui un citoyen comme les autres. Alors, il repense à l'enveloppe de la DDASS qu'il n'a jamais osé ouvrir. Le moment est venu d'aller au bout de lui-même.

Le jour reste suspendu au-dessus des arbres aux feuilles nouvelles. Il fait chaud, presque lourd, signe possible d'orage pour le lendemain. Les hirondelles tournent au-dessus de la route, dont la réverbération attire les insectes. Henri monte dans sa voiture et traverse le village quasi désert en direction de la Messonière. Il trouve Joseph devant la porte en train de surveiller son chien.

— Georges est de plus en plus faible. Il faut que je le porte parce qu'il n'a plus la force de descendre l'escalier ; je sais pas si je pourrai l'emmener. La mer risque de le rendre malade.

— Et Pompon, qu'est-ce que tu vas en faire ?

— Je vais le placer. Antoine, mon neveu, me l'a demandé. Il a un grand parc. Le pauvre va s'ennuyer sans moi, mais je peux pas faire autrement.

S'il osait, Henri, s'il avait le courage d'un homme, il demanderait à Joseph s'il croit vraiment à son départ. Mais ce n'est pas le but de sa visite. Il lui tend l'enveloppe de la DDASS.

— Je n'ai pas osé l'ouvrir. Ce serait bien si tu le faisais à ma place…

— Comme tu veux ! répond Joseph en prenant son chien dans ses bras.

Henri le suit de son pas maladroit. Il n'est jamais bien habillé, même si Josette, sa voisine, s'occupe de son linge et l'aide au ménage. Assez mal bâti, il a une épaule plus haute que l'autre, les jambes courtes, un torse trop long et filiforme. Son visage très sombre est toujours envahi par une barbe de plusieurs jours.

« Qu'est-ce que tu veux que je me pomponne, j'ai personne à qui plaire ! » répète-t-il à Josette, qui lui reproche son laisser-aller.

Joseph glisse un couteau dans le pli. Au bruit du papier, Henri sursaute et tend la main.

— Arrête !

Le couteau s'immobilise.

— Comme tu veux, mais pourquoi tu m'as demandé ?

— Je croyais que c'était bien, et je viens de changer d'avis.

Ce n'était pas une bonne idée de s'en remettre à Joseph. La vérité contenue dans l'enveloppe est peut-être si sale que le seul homme en qui Henri a confiance ne voudrait plus jamais le voir. Il repart chez lui sans boire le verre que Joseph lui a versé. Une fois dans sa maison, la porte soigneusement fermée, il allume la lampe de la cuisine et s'assoit à sa place habituelle. Les doigts tremblants, le visage contracté, il glisse à son tour la lame dans l'ouverture commencée par son ami. Il hésite encore, tâte l'épaisseur des documents. Trois feuilles glissent sur la table. Tremblant, retenant sa respiration, il parcourt la première du regard, puis les deux autres feuilles sans importance : un acte de naissance sous X et un certificat médical indiquant qu'il a bien reçu les vaccins obligatoires. Dans un mouvement de colère, il les froisse, les jette dans la cheminée et craque une allumette. Une flamme claire dévore le papier qui se recroqueville. Voilà, c'est fait, tout ce qui lui restait de son passé est parti en cendres. Et c'est bien ainsi puisque le dossier ne contenait rien de précis sauf qu'il a été abandonné par sa mère à sa naissance, et qu'il ne saura jamais rien de celle qui lui a donné la vie. Puis il regrette son acte : il a brûlé une autre feuille, où sa vérité était peut-être écrite en tout petit. Il a encore agi par lâcheté. Le voilà définitivement sans nom, sans racines, étranger ailleurs comme ici.

Le lendemain, Joseph quitte la Messonière au lever du jour. Il s'arrête au Super U pour faire le plein de son Trafic et prend la direction de l'autoroute. Ce n'est pas le chemin le plus court, mais le plus rapide. Il a inscrit l'adresse trouvée au cadastre dans son GPS et devrait arriver vers neuf heures, ce qui lui laisse la journée dans la ville de Margot.

A Toulouse, il rejoint l'autoroute de Montpellier. Le soleil s'est levé dans un ciel entièrement bleu. La lumière éclatante de l'été donne envie de bouger, de vivre. Joseph pense à l'Amazonie. Là-bas, le soleil se levait toujours dans la brume, qui devenait aussi blanche et lumineuse que de la porcelaine. Puis des tourbillons se formaient comme autant de silhouettes dansant sur les eaux d'un calme total. Les hommes sortaient de leurs cases. Certains plongeaient dans la rivière, d'autres marchaient sur la berge. Les oiseaux et les singes faisaient un vacarme assourdissant. Les enfants jouaient devant les cases. La pluie tombait invariablement le soir, une pluie chaude qui délassait... Joseph dormait dans une hutte qu'il avait lui-même construite avec des feuilles de palmier. Une femme le rejoignait de temps en temps. Sa peau était douce, ses caresses apaisantes ! Elle repartait avant le lever du jour, quand l'ombre cachait encore son visage et sa silhouette. Il n'avait jamais su qui elle était et garde en lui un souvenir tendre qui ne se raccroche qu'à des sensations. Pas le moindre signe durant la journée. Il avait fini par croire à un rêve.

Comme prévu, il est à Montpellier vers neuf heures. Il traverse la ville encombrée, jusqu'à une rue bordée de pavillons récents. Comme il approche du numéro inscrit dans le GPS, il gare son Trafic et marche sur le trottoir, surpris par la chaleur déjà étouffante. Il s'arrête au numéro 23, devant une maison aux volets bleus entourée d'un petit jardin fleuri. En face, un peu en retrait, il remarque un parc avec des bancs à l'ombre des platanes. Il s'y assoit et attend en dévisageant les passants. Va-t-il reconnaître Margot, qu'il n'a pas revue depuis cinquante ans ? Celle à qui il avait promis le mariage est désormais une vieille personne, la mamie d'Alexandre.

Une femme âgée, à la silhouette encore jeune vêtue d'un chemisier blanc, d'un pantalon noir, sort de la maison aux volets bleus, ferme le portail et s'éloigne sur le trottoir. Son visage est bien celui de la jeune fille qu'il a connue, mais un peu plus creusé, moins bien dessiné. Il la suit de loin, prêt à faire demi-tour, à courir se cacher.

Margot entre dans une blanchisserie et en ressort presque aussitôt. Elle croise Joseph, qui n'ose pas la regarder. S'il pouvait, il se défilerait, comprenant qu'il est venu ici pour la revoir sans être vu, car s'il n'est pas coupable de ce dont on l'accuse, il se sait responsable du délabrement de sa personne.

Il baisse la tête, espérant qu'elle va passer à côté de lui sans le reconnaître. Margot s'arrête au milieu du trottoir. Comme médusée à la vue de ce vieil homme qui a été tout pour elle.

— Joseph ?...

Il ose lever les yeux et observe de près le visage qui a illuminé sa jeunesse. Toujours le même, avec quelques rides, et des cheveux blancs coupés court. Pourtant, quelque chose a changé dans son attitude. Elle répète :

— Joseph ?

— Oui, je voulais te voir pour te dire que je n'ai rien oublié.

Il mesure sa maladresse. Pourquoi lui a-t-il parlé de la sorte ? Margot montre son étonnement :

— Toi ? Tu n'as rien oublié ? Mais qu'est-ce que tu fais là ?

— Tu te rappelles quand on s'asseyait au bord de la Vézère et qu'on rêvait de partir sur la mer. Alors, j'ai construit le bateau.

— Tu as fait ce que tu as voulu. Tu n'as pas de comptes à me rendre.

Elle passe à côté de lui et poursuit son chemin. Joseph la rattrape.

— Je t'en prie, Margot, accorde-moi un peu de temps. Viens prendre un verre avec moi dans le bar en face. Je suis venu pour te parler.

— Moi, je n'ai pas envie de t'entendre. Tu vas chercher une fois de plus à te disculper, à renvoyer la faute sur les autres, je te connais trop bien.

— Je t'en prie. C'est la dernière chose que je te demande.

— C'en est une de trop.

Elle arrive au portail de sa maison, cherche sa clef dans son sac et entre, laissant Joseph sur le trottoir.

Il n'a que ce qu'il mérite et s'en veut d'être là, de se montrer faible, alors il éprouve le besoin de se justifier par des tas de mauvaises raisons. Il s'assoit sur le banc en face de la porte en se disant qu'il attendra des jours s'il faut, mais qu'il doit parler à Margot. Elle n'a pas regardé la télé ni lu les journaux, c'est sûr, elle m'aurait accueilli autrement ! pense-t-il.

Son attente est de courte durée. Margot sort de nouveau. Elle a eu le temps de se changer, et porte un chemisier beige, un blue-jean qui met en valeur sa silhouette toujours mince et élancée. Elle est assez grande, quelques centimètres de plus que Joseph, qui faisait son possible pour cacher cette différence humiliante. Il lui emboîte le pas. Elle marche lentement comme si elle l'attendait ; c'est un signe, Joseph la rattrape.

— Margot, je t'en prie, viens prendre un verre avec moi. Je veux te demander pardon.

— Toi ? Demander pardon ? J'ai dû mal entendre.

— C'est vrai, tu pourrais croire que je me suis comporté comme un lâche en partant dans la marine sans rien te dire, après notre merveilleux séjour à Royan. Mais je ne pouvais pas faire autrement !

— Tu n'as répondu à aucune de mes lettres, lui reproche Margot en haussant le ton.

Ses yeux sont durs sous ses lunettes très discrètes. Des rides au coin de ses lèvres ajoutent de la fermeté à son propos. Sa voix s'est un peu assombrie ; Joseph a l'impression de se trouver face à un être proche et étranger à la fois. Il n'arrive pas à exprimer sa pensée.

— J'ai été obligé de partir, répète-t-il en baissant la voix. Obligé, tu entends ?

— Ah bon ? Et pourquoi ?

Il hésite, puis secoue négativement la tête.

— Après ce qui s'est passé entre nous, je ne pouvais pas te le dire. Parce que c'est monstrueux. Et je ne peux pas encore te le dire parce que ça te ferait énormément de mal. Voilà pourquoi je vais partir sur mon bateau, maintenant qu'on me prend la Messonière.

— Sache que je me suis bien passée de toi. J'ai fait ma vie et finalement j'ai eu de la chance de ne pas t'épouser, j'imagine le calvaire, avec ta mère qui me détestait.

— On ne pouvait pas se marier, Margot. C'était impossible. Voilà ce que tu dois savoir et je n'y étais pour rien.

Margot a une hésitation. Joseph paraît sincère, mais elle a appris à ne pas faire confiance à ce beau raconteur de boniments.

— Alexandre vient souvent me voir à la Messonière, poursuit Joseph. Je lui raconte des histoires. On est très copains, tous les deux, et finalement, je m'entends bien avec Jérôme.

— Je ne lui ai pas caché tout le mal que je pense de toi, précise Margot.

Elle reprend sa marche. Joseph l'arrête.

— Entrons dans ce café, lui propose-t-il.

Ils s'assoient à une table près de la baie. Joseph retrouve, dans le visage de la femme assise en face de lui, celui qu'il a connu, comme si les traces du temps s'étaient tout à coup effacées.

— Je voulais vendre la maison de Beaulieu, où je n'ai plus jamais porté les pieds, dit Margot. Mais Jérôme s'y est opposé. Et maintenant qu'il s'est séparé de sa femme, je crois qu'il va y habiter définitivement.

— Il a raison, c'est une belle maison. Je ne comprends pas que tu n'y sois pas attachée.

— Je n'y ai que des mauvais souvenirs, réplique vivement Margot. De très mauvais souvenirs.

— Je vais partir pour toujours. Je voulais seulement te revoir une dernière fois.

— Pars au bout du monde si tu veux, tranche Margot. Moi, je suis bien seule depuis la mort d'Aurélien.

— Tu veux dire, le père de Jérôme ?

Elle hésite un bref instant, baisse les yeux sur son verre.

— Le meilleur homme de la terre ! Et je l'ai tant fait souffrir ! Je ne demanderai jamais assez pardon au bon Dieu !

Elle a posé ses mains sur la table. Joseph voudrait les prendre, les serrer dans les siennes, mais il n'ose pas.

— La Messonière va être rasée pour laisser passer une route, poursuit-il. Je n'ai plus ma place à Beaulieu.

— C'est très bien comme ça. La Messonière a été marquée par la personnalité maléfique de ta mère. C'est pour elle que tu es revenu de la marine, après la mort de ton père. Tu lui ressembles, hélas.

— Margot, écoute-moi…

— Ne prononce pas mon nom, tu le salis avec ta voix d'ivrogne. Tu n'es qu'une loque, un horrible vieillard.

— Tu me fais très mal !

— Et toi, tu ne m'as pas fait de mal ? La vérité, c'est que tu es parti pour me fuir parce que ta mère t'a persuadé de ne pas m'épouser et tu n'as pas eu le courage de me le dire !

— Ce n'est pas vrai ! Je suis parti parce que mon père m'a révélé quelque chose que je ne répéterai jamais à personne !

Intriguée, Margot regarde Joseph, puis sourit, méprisante.

— Voilà que tu inventes encore une histoire abracadabrante pour te disculper. Je te reconnais bien là.

Joseph sort la photo qu'il a montrée à Alexandre. Margot la contemple un instant.

— Je ne la connaissais pas, celle-là. C'est une chance qu'elle soit abîmée du côté du garçon qui est à côté de moi. C'est bien la preuve que tu devais disparaître de ma vie.

— J'en ai une autre, ajoute Joseph, où on me reconnaît très bien, mais je ne sais plus où je l'ai fourrée.

Margot se lève et se dirige vers la sortie. Joseph reste là, ne sachant s'il doit la rejoindre ou attendre qu'elle se soit éloignée. Il décide de la rattraper, mais elle le repousse :

— Ça suffit. Maintenant, bon voyage au bout du monde. J'espère surtout ne plus jamais te revoir.

Joseph n'en peut plus. La haine de Margot accentue le sentiment de son sacrifice. Il pince ses lèvres, se gratte le menton. Il pourrait parler pour se disculper, dévoiler l'horrible vérité, mais ne serait-ce pas tuer Margot ? Il l'a porté seul, ce secret, comme un ver immonde et puant, ce n'est pas le moment de donner le coup de grâce aux souvenirs heureux qui restent dans la mémoire de la vieille femme. Il va partir avec son secret, il ira l'enterrer chez les hommes à la peau de cuivre, ou au fond de l'océan si le *Liberté* coule au cours d'une tempête. C'est la seule manière de le rendre inoffensif.

Margot s'éloigne sans se retourner. Joseph se dit qu'il aurait mieux fait de partir sans la revoir. Il s'assoit au volant de sa camionnette avec l'envie de pleurer.

Le soir même, il est de retour à la Messonière. Des bulldozers, des pelleteuses sont garées devant chez lui. Il arrête son Trafic sous le gros tilleul ; un vélo dérape sur le gravillon. La visite d'Alexandre lui fait un bien immense.

— Où tu étais ? Je t'ai cherché toute la journée.

— Je m'occupais des papiers pour mon bateau.

Le gamin n'en demande pas plus et repart. Dans la maison, Joseph retrouve son chien, qui lève vers lui ses yeux tristes.

— Si j'ai bien compris, on n'a pas de temps à perdre !

Il ne peut se défaire de l'image de Margot. Son sentiment de jeunesse, qui a conditionné sa vie, n'a pas pris une ride. La marine ne l'a pas dénaturé, et il n'en devient que plus monstrueux.

Il entre dans sa chambre, entasse dans une caisse les papiers d'un tiroir de l'armoire. Puis il monte au grenier, fait de même avec des tas des photos oubliées sous la poussière et même le missel de sa grand-mère, qu'il n'a jamais ouvert depuis qu'elle le lui a donné, le jour de sa communion. Demain matin, il fera le tri et relancera le transporteur.

Il se couche, terriblement tracassé. Il finit pourtant par s'assoupir, et se réveille en sursaut. Une grande agitation règne dans la rue. Il sort précipitamment. Au portail stationnent un fourgon de gendarmerie, des policiers à moto et une foule de badauds. Un énorme camion, moteur au ralenti et gyrophare allumé, est arrêté dans l'entrée. Accoudé à la portière, le maire Patrick Massoni bavarde avec le chauffeur. Les gendarmes arrêtent les voitures qui viennent en sens inverse. Joseph s'approche, les cheveux et la barbe en broussaille.

— Mais qu'est-ce qui se passe ? demande-t-il.

— Il se passe que les travaux de la route vont commencer. Ton bateau ne peut pas rester là ! dit Massoni.

— Mais j'ai commandé un transporteur pour l'emmener à Bordeaux…

— Ça risque de prendre des lustres. En attendant, on a une place pour lui…

— Une place ? s'emporte Joseph. Je ne l'ai pas sorti du hangar pour le mettre dans un autre !

— Je ne t'ai pas dit qu'on allait le mettre dans un hangar. On va l'emmener sur le lac du Chastang, où tu pourras le faire naviguer si le cœur t'en dit !

— Sur le lac du Chastang ! Et pourquoi pas dans une mare ou sur la Vézère ?

Massoni ne prend pas la peine de répondre. Le transporteur manœuvre pour entrer son camion dans la cour. Il positionne son véhicule devant le bateau, vérifie la solidité de l'attache sur la remorque et dit :

— Ça ira.

Un journaliste de la presse locale fait des photos, un cameraman filme l'opération en la commentant pour la télévision de Brive.

Henri, qui vient d'arriver, reste en retrait. Les gens de Beaulieu, de plus en plus nombreux, assistent à une opération unique en son genre. Comment transporter sur une route ordinaire un bateau de cette taille ?

— Va falloir couper des arbres et les poteaux du téléphone !

Malgré tout, Joseph est content que le *Liberté* puisse enfin faire ses premiers essais sur l'eau. Rien n'est plus triste qu'un tel bâtiment sur cale, loin de son élément !

Lorsque le bateau est enfin attelé au camion, le convoi avance progressivement jusqu'au portail trop étroit. Il faut le démonter, c'est fait d'un coup de pelleteuse qui renverse un ouvrage forgé deux siècles auparavant. La police de la route arrête les voitures pour laisser passer l'encombrant chargement. Joseph a eu l'autorisation de monter à côté du chauffeur et ne peut s'empêcher de lui donner des conseils.

Une partie de la matinée est nécessaire pour atteindre le lac. On a choisi l'itinéraire avec les routes les plus larges, mais la traversée du village du Chastang se révèle impossible ; le bateau ne passe pas entre les maisons. Il faut faire un très grand détour, qui prend deux bonnes heures. Enfin, vers quatorze heures, le *Liberté* est à l'endroit le plus profond, près du barrage, où la berge descend à pic sur plusieurs mètres.

Le camion manœuvre un long moment afin de positionner correctement la remorque. Des madriers ont été disposés pour permettre au « paquebot » de glisser lentement jusqu'à l'eau. Une énorme grue l'empêche de basculer. Fébrile, Joseph suit l'opération. Même si ce n'est pas le grand océan, c'est bien une étendue liquide sur laquelle sa réalisation va montrer ses qualités, un test grandeur nature. Une foule importante s'est rassemblée sur la route en haut d'une étroite prairie ; les gendarmes doivent intervenir pour la tenir à distance. Joseph est tout près du grutier qui dirige l'opération et lui recommande la plus grande prudence.

Et puis, le miracle se produit, celui que Joseph attendait depuis longtemps, depuis le premier coup de rabot sur une planche destinée à la coque. Le bateau glisse sur l'eau qui se trouble à peine tellement la forme est bien calculée, et le voilà qui flotte en se balançant légèrement. Joseph renifle et s'essuie discrètement les yeux. A côté de lui, Patrick Massoni comprend l'émotion du vieil homme :

— Joseph, toute la commune de Beaulieu est fière de toi. Je te promets que dans le nouveau lotissement tu auras une rue à ton nom, dit le premier magistrat, qui éprouve le besoin de caresser Joseph dans le bon sens du poil pour éviter un nouvel esclandre.

Une rue Joseph-Lespaud ! Son nom écrit sur les enveloppes, sur les paquets, comme les grands généraux et les académiciens ! S'il ne se retenait pas, il pleurerait de bonheur et d'orgueil. Il imagine Margot écrivant sur une enveloppe « M. et Mme Dupré, 25 rue Joseph Lespaud ». Et Alexandre, disant à ses copains en montrant la plaque bleue : « Je l'ai bien connu ! »

Quand tout est terminé, le bateau amarré à la berge, le camion repart, le grutier charge son engin sur sa remorque, les gens se dispersent. Le maire et ses conseillers discutent un moment. Enfin, Massoni se tourne vers Joseph et dit, assez fort pour que tout le monde l'entende :

— Maintenant, tu peux jouer. Ici, tu ne risques rien !

Les gendarmes s'en vont à leur tour. Au bout d'une heure, il ne reste plus que Joseph, Henri et Albert. Après l'euphorie du début, Joseph est triste. Il a l'impression qu'on s'est moqué de lui, qu'on a voulu tourner son œuvre en dérision. On se débarrasse du *Liberté* pour dévaster la Messonière. Il peut jouer, a dit le maire ! Personne ne le prend au sérieux malgré la démesure de sa réalisation.

— Et Paul ? Pourquoi qu'il n'est pas là ? demande tout à coup Joseph.

— Il n'est pas bien, répond Henri, je suis passé chez lui ce matin et il m'a dit qu'il voulait qu'on lui foute la paix.

— Ouais, ajoute Albert. Depuis la mort de Martine, il n'est plus le même et ça se comprend.

Henri propose :

— Et si on faisait un tour sur le lac ?

Alors Joseph se donne des airs de capitaine prévoyant :

— Je vais me procurer une carte du fond pour ne pas risquer l'échouage. Mais en restant au milieu et en ne remontant pas trop haut vers l'amont, ça devrait aller.

La passerelle en bois les invite à monter à bord, à quitter la terre ferme pour ce paradis flottant. Une fois sur le pont, Joseph redevient le lieutenant Lespaud en face de deux paysans ignorant tout de la manière de piloter un bateau. Les souvenirs surgissent, là sur ce paisible lac de barrage. Il mesure combien la mer lui a manqué, alors il se lance dans l'évocation épique d'aventures plus ou moins réelles :

— Il faut avoir connu les tempêtes du triangle des Bermudes, ajoute-t-il avec un brin de nostalgie, pour comprendre ce qu'est le métier de marin…

— Mais dis donc, Joseph, demande Albert, tu n'as jamais dit à personne avec qui tu voulais partir. Même à moi, ton ami de toujours.

— Ça va de soi ! Je pars avec vous, si vous le souhaitez !

Joseph ouvre une porte et descend un escalier.

— Ici, c'est les cabines, celle du capitaine devant, la mienne, et les autres.

Ils arrivent dans une pièce au bout du couloir où sont disposées une table et des chaises amarrées au sol.

— La salle à manger. Et les cuisines. On se débrouillera.

— Mais le frigo, comment tu le fais marcher ? demande Henri.

— Tout est prévu, se moque Joseph. Le frigo fonctionne avec un groupe électrogène qui fabrique de l'électricité pour tout le bâtiment.

Joseph entre dans le poste de pilotage et actionne le démarreur avec une certaine appréhension : il a bien fait des essais dans son hangar, mais ce n'est pas pareil sur l'eau. Le moteur démarre avec un bruit sourd et puissant. Joseph enclenche l'hélice et le bateau s'éloigne peu à peu de la berge. Si ce n'est pas un miracle, pense Henri, c'est que Dieu n'existe pas !

— Il faudrait pas que... Je sais pas nager, murmure-t-il.

Le lac est tout en longueur, très profond à l'emplacement de la rivière. Joseph en suit le cours en consultant l'échosondeur pour ne pas heurter des rochers immergés ou s'échouer sur un haut-fond.

Le soir tombe. Les hirondelles volent au ras de l'eau. Le ciel très clair indique que la période orageuse est bien terminée. Albert pense à ses petits-enfants, à son fils, qui doit se faire du souci pour lui, à son prochain départ au Val-Fleuri. Tout à coup, Joseph s'exclame :

— Merde de merde ! Et Georges dans tout ça !

Dans sa précipitation, Joseph a oublié son chien. Depuis ce matin, il n'a pas eu un seul instant à lui et voilà qu'il a négligé son vieil animal si fidèle, si doux, de surcroît malade.

Le *Liberté* amorce un demi-tour. L'accélération du moteur se répercute sur l'eau jusqu'aux berges, où des curieux sont encore massés.

— Il faut que j'aille chercher Georges. Je peux pas le laisser seul trop longtemps ! se justifie Joseph.

Le bateau accoste rudement. Joseph déplie la passerelle et marche vers sa camionnette. Il revient moins d'une heure plus tard, tenant Georges dans ses bras.

— Le pauvre, il se demandait si je ne l'avais pas abandonné !

Georges est installé dans la cabine du capitaine, sur une couverture près de la couchette. Embarrassé, Albert vient trouver Joseph :

— Il faut que je rentre. Mon fils va se faire du souci.

— Personne ne te retient !

Le *Liberté* repart vers le milieu du lac, où sa masse se perd dans l'ombre des grands arbres qui bordent le plan d'eau du Chastang, assez large à cet endroit, et suffisamment profond pour le « paquebot ».

Joseph et Henri regardent la nuit tomber sur l'eau. La lune se lève. Un hibou pousse son cri quelque part sur les aulnes. Des chevreuils venus boire hésitent à s'approcher de la berge en découvrant l'étrange intrus là où d'ordinaire il n'y a rien que des flaques mouvantes de lumière, puis Joseph, qui a tout prévu, propose de faire chauffer la soupe.

— Il y a de la charcuterie si tu as encore faim, propose-t-il à Henri.

Ils grignotent en silence. Henri se sent très honoré d'être là, sur ce bateau dont tout le monde parle et en face d'un officier de la marine, lui qui n'est qu'un domestique agricole.

— Bon, maintenant, il faut aller dormir. Demain, on attaque les essais sérieux avant l'arrivée de l'équipe des mines, annonce Joseph à Henri, qui se demande ce qu'il fait là à l'heure où il devrait être chez lui devant sa télévision.

— Dis-moi, tu n'as pas un verre ?

— Tu te sers ! Il y a tout ce qu'il faut dans la cuisine. Qu'est-ce que tu veux en faire ?

— C'est pour mes dentiers. Je ne peux pas dormir si je les garde.

— J'oubliais que les vieux c'est démontable ! plaisante Joseph.

Il rit, mais il est tracassé : le *Liberté* ne lui donne pas satisfaction. Le bâtiment est lourd et tire sur un côté. Cela n'échappera pas aux contrôleurs des mines, qui refuseront le certificat de navigabilité. Et pourtant, il a hâte de partir au bout du monde, là où son secret sera aussi léger que de la fumée.

Tout en réfléchissant, il ouvre une malle qu'il a apportée là sans regarder ce qu'elle contenait. D'un portefeuille glisse une photo qui tombe sur le plancher : celle qu'il a tant cherchée, le représentant avec Margot petite fille ! Il retient un cri de surprise en voyant son visage à dix ans.

— Mon père avait donc raison ! fait-il en s'écroulant sur la couchette. Le salaud !

Ce qu'il vient de découvrir lui enlève le dernier espoir qu'il avait conservé malgré lui. Il a donc eu raison de s'engager dans la marine sans avertir personne, surtout pas Margot. Son erreur a été de revenir…

Dans la pièce voisine, Henri s'allonge sur des couchettes peu confortables en regrettant son lit. Joseph le rejoint. Le fait d'être là, à cette heure où d'ordinaire ils sont chez eux, les rapproche. Pourtant, Henri n'est pas à l'aise.

— Ça me rappelle le pensionnat. Quand j'étais enfant. On dormait dans un grand dortoir, on était plus de cinquante avec des pions qui nous surveillaient et nous tapaient dessus quand on faisait du bruit…

— Je sais que tu n'as pas été tous les jours à la fête ! répond Joseph d'une voix sombre.

— Quand on n'était pas sages, on devait rester à genoux sur une règle en bois. Ça faisait très mal. Alors, je me plains pas. J'ai le minimum vieillesse, c'est peu, mais ça me suffit.

— Demain, on ira voir Paul, conclut Joseph en ouvrant la porte.

Il sort. Henri tente de dormir, mais le léger balancement du bateau, au lieu de le bercer, le tient aux aguets.

— Au secours !

Le cri apeure les oiseaux de la berge, qui s'envolent. Un héron prend son élan en battant de ses lourdes ailes. A côté de sa couchette, Henri écarte les bras, perdu.

— Le bateau coule ! s'écrie-t-il encore.

Dix bons centimètres d'eau recouvrent le plancher, une eau froide, agressive, pleine de petites aiguilles. Incrédule, Henri patauge un instant avant de monter sur le pont et trouve Joseph assis sur le rebord, tenant Georges sur ses genoux, le regard perdu. Le vieux marin n'a pas pris sa casquette de commandant et ses cheveux hirsutes, sa barbe blanche expriment le désarroi du solitaire mal embouché qui s'est surestimé.

— Tu as vu ?...

Enfin Joseph bouge, se dresse lentement. On entend ses articulations craquer. Il regarde autour de lui et constate :

— Oui, le bateau s'enfonce.

Il a parlé d'une voix neutre, comme si cela le laissait indifférent. Il n'a pas dormi de la nuit et son dos s'est voûté. Il se gratte les cheveux, pose la main sur le dos de Georges.

— Le pauvre, fait-il enfin, il a le mal de mer.

— Il faut revenir au bord ! hurle Henri. On va se noyer… Je sais pas nager, moi !

— T'affole pas, il y a un canot de sauvetage, mais tu as raison, on va essayer de revenir sur la terre ferme.

Sans un mot, Joseph dépose Georges sur le pont et entre dans la cabine de pilotage.

— Tout ce travail pour en arriver là ! grogne-t-il.

— Heureusement qu'on a fait un essai ! constate Henri.

Sans répondre, Joseph tire sur une manette. Le moteur hoquette, mais ne veut pas démarrer.

— Connerie de connerie ! grogne le vieux. Pourtant, la batterie n'a pas été touchée.

Enfin, après plusieurs essais, le moteur se lance. Le capitaine embraye l'hélice et le bateau se dirige lourdement vers la prairie. Il a moins de cinq cents mètres à parcourir, mais à mesure qu'il avance il s'enfonce de plus en plus. Henri, qui redoute l'eau plus que tout depuis qu'il a failli se noyer enfant, en pêchant des vairons, tremble et se mord la lèvre inférieure.

Ils accostent à temps. Joseph, avec l'autorité du capitaine, installe la passerelle. Une fois sur la terre ferme, il se plante devant son camarade.

— Ce serait bien si tu me laissais seul !

— Mais, Joseph, je veux t'aider !...

— J'ai besoin de réfléchir, insiste le vieil homme, excédé.

Henri n'insiste pas et grimpe la pente vers le petit renfoncement où sa voiture est garée.

Le pauvre vieux, pense-t-il, c'est le travail de tant d'années... Je comprends qu'il l'ait mauvaise !

Seul, Joseph s'assoit sur un rocher dressé entre les herbes. La démesure du *Liberté* dérange la tranquillité du lac et des berges environnantes, sa présence est incongrue au milieu des douces collines vertes. « D'abord mettre Georges à l'abri. » Il va chercher l'animal et le porte dans son Trafic, qu'il déplace pour profiter de l'ombre d'un grand hêtre.

— Ici, tu seras tranquille. Je vais laisser les vitres ouvertes pour que tu entendes chanter les oiseaux, dit-il en caressant la tête du vieux chien.

Puis il remonte à bord et réfléchit. Pourquoi le paquebot prend-il l'eau ? Il a enduit de goudron les planches jointées avec des produits modernes qui assurent l'étanchéité. Aurait-il oublié de doubler certaines soudures de la coque ? Ce revers va faire de lui la risée de tout le pays. Son exploit relaté par journaux et télévisions va se terminer en fiasco.

— Heureusement que le gamin ne voit pas ça ! murmure-t-il.

Il pense à Alexandre depuis qu'il a retrouvé la photo. Le visage rond du petit-fils de Margot, son corps frêle, ses reparties le hantent. Que serait-il advenu si son père ne lui avait pas parlé, au retour de Royan ? Un haut-le-cœur lui retourne l'estomac.

Il suit la route où sa voiture est garée. Les passants s'arrêtent pour admirer l'incroyable bateau et saluent Joseph avec curiosité et respect. Je vais le mettre sur cales, pense le capitaine. Il se rend au hameau voisin ; un jeune agriculteur, heureux de participer à cette folle aventure, propose son tracteur.

— Je dois vérifier que tout est en bon ordre avant l'arrivée des inspecteurs des mines ! ment Joseph.

Quelques instants plus tard, le tracteur est attelé au bateau, très lourd à cause de l'eau embarquée. Les larges roues crantées patinent, creusent la pelouse. Au bout de plusieurs essais, il faut admettre que le véhicule agricole n'est pas adapté à cette opération.

— C'est qu'il est énorme, votre paquebot, et le sol n'est pas solide ! constate le paysan, dépité. Faudrait un tracteur à chenilles, un engin de travaux publics…

— Pas la peine, grommelle Joseph, en remerciant le jeune homme.

Puisqu'il n'est pas possible de le mettre au sec, il part chercher une pompe. Sitôt l'eau évacuée, il colmatera la fuite, qui ne doit pas être énorme. Il se dirige vers sa voiture, sous les regards des curieux.

A la Messonière, les ouvriers n'ont pas perdu leur temps. Ce qui restait de son atelier a été rasé. La réserve de bois a été rangée sur le côté, abritée de la pluie sous une énorme bâche de chantier. La nouvelle route passera tout près de sa maison, qui sera détruite en tout dernier ; un espace de stationnement va être aménagé à la place de la cour.

Joseph va chercher une pompe et un tuyau suffisamment long dans sa remise. Comme il sort, un vélo dérape dans la cour. Joseph grogne : ce matin, il n'a pas envie de voir Alexandre.

— Qu'est-ce que tu fais là, Joseph ? Tu n'es pas sur ton bateau ?

Joseph observe attentivement le gamin et pense à la photo. Comment est-ce possible ? Il voudrait attirer l'enfant dans ses bras et le presser contre lui. Une voiture pile à côté du vélo. Jérôme ordonne à son fils :

— Toi, tu files à la maison. N'oublie pas que tu pars cet après-midi chez ma cousine à Naves.

Joseph apporte la pompe dans son Trafic en pensant à Pompon parti chez son neveu. L'envie d'aller caresser le museau de l'âne le fait hésiter un instant. Mais il y renonce : le *Liberté* risque de couler si rien n'est fait.

Au Chastang, les badauds, toujours aussi nombreux, s'étonnent de voir le capitaine embarquer une pompe avec un tuyau. Joseph ne veut pas la mettre en marche devant un public aussi prompt à se moquer qu'à admirer. Il s'enferme dans sa cabine et attend, mais l'eau continue de monter. S'il ne fait rien, le bateau aura sombré avant la nuit prochaine. Alors, il ressort, démarre la pompe. Le bruit du moteur remplit le silence des collines. Il a placé le tuyau derrière la coque, à l'abri des curieux, mais personne n'est dupe.

— Tu veux un coup de main pour écoper ?

Le petit moteur émet un roulement régulier. La présence du bateau détruit la belle harmonie de la nature, qui semble n'être plus qu'un décor derrière l'énorme masse sombre. Le tuyau crache son eau qui fait un dérangeant bruit de cascade. Les derniers badauds s'éloignent. Joseph constate que le niveau du liquide ne baisse pas dans la pièce du bas. Il faudrait chercher la brèche. Mais les forces lui manquent. Quand le bateau était sur cales dans le hangar, il se voyait déjà affrontant les plus hautes vagues ; depuis qu'il est sur le paisible lac du Chastang, le marin en mesure les faiblesses, qui sont ses propres manquements. Avait-il besoin de construire un bateau ? Les travaux ont commencé à la Messonière, la presse en a abondamment parlé, mais la prise de position du public espérée en sa faveur ne s'est pas produite. S'il voulait fuir au bout du monde, pourquoi ne prend-il pas l'avion ? Le voilà tout à coup vide, une feuille blanche à la merci du moindre coup de vent.

La lumière du jour décline peu à peu, la pompe fonctionne toujours. Joseph constate que le réservoir d'essence sera bientôt vide, mais le niveau d'eau a sensiblement baissé. La chance veut qu'il soit loin de toute habitation et le bruit du petit moteur ne dérange personne.

Joseph s'enferme dans sa cabine et débouche une bouteille de vin. Il n'a pas faim, mais grignote du pain et des noix. Tout à coup, le verre lui échappe des mains, le vieil homme tombe en renversant sa chaise. Combien de temps reste-t-il ainsi, inconscient, le visage contre le bois mouillé ? Enfin, il bouge les bras, puis les jambes, tente de se mettre debout, mais sa tête lourde roule sur son épaule. « Voilà que je suis paralysé ! » Il parvient pourtant à se dresser. Tout tourne autour de lui et il doit s'appuyer contre la cloison pour ne pas tomber de nouveau. Une violente douleur lui écrase les tempes. Vite, boire un verre de vin pour éteindre le feu de sa poitrine ! Il veut saisir la bouteille, qui se renverse. Une flaque rouge s'étale et goutte sur le plancher. Ça sent la vinasse aigre. Le roulement de la pompe couvre l'espace et semble accélérer le temps.

Il n'a pas la force d'aller vérifier où en est le niveau d'essence. Il réussit à se traîner jusqu'à sa couchette, en se demandant si ce n'est pas une mort imminente qui le pousse à vouloir s'allonger. Alors il tente de s'endormir assis.

Il dort d'une traite jusqu'au matin et se réveille avec une impression de bien-être. Le voilà requinqué et il se persuade que son malaise de la veille était dû à la fatigue et à son tracas. La bouteille renversée lui rappelle l'incident. « Bah, c'est encore un de ces petits soucis de vieux. Pas grave ! »

Il sort sur le pont. Le jour se lève ; le lac se couvre de fumerolles, les oiseaux chantent, les hirondelles volent au ras de la surface. La pompe s'est arrêtée probablement par manque de carburant, mais elle a rempli son office : il n'y a pratiquement plus d'eau dans le bateau. Des voitures s'arrêtent de nouveau sur la route. Les curieux se rassemblent dans le pré. Le bruit que la presse a fait sur cette réalisation incite les gens à se déplacer pour admirer le prodige.

Joseph démarre le moteur, défait la corde qui retient le bâtiment à un tronc d'aulne. Le *Liberté*, allégé, obéit au capitaine, qui retrouve un peu d'optimisme. Il en profite pour descendre vers l'aval et se cacher des curieux derrière une avancée des grands arbres, jette l'ancre et constate que le fond est faible, ce qui lui laisse peu de marge de manœuvre. Le soleil monte sur la vallée, puissant en cette mi-juillet, plein de vie ; le vent apporte des odeurs de pollen, de foin sec. Avec Margot, ils couraient dans les prairies fauchées ; les sauterelles sautaient autour d'eux. Ils s'asseyaient à l'ombre des noyers ; Margot posait la tête sur son épaule et il lui fredonnait un air à la mode. Les bords en dents de scie de la petite photo dans sa poche griffent sa cuisse.

Joseph patauge dans la flaque glauque restée à fond de cale, inspecte les jointures des planches à la recherche d'une voie d'eau. Comme il ne trouve rien, il sort sur le pont. Une lumière éclatante l'aveugle.

Sur la berge, une silhouette regarde le bateau. Joseph reconnaît Henri à sa tête enfoncée dans les épaules et son dos voûté. Cette présence lui fait beaucoup de bien et il décide d'aller le chercher. L'écho sondeur lui indique qu'il doit être très précis pour ne pas heurter les bancs de sable. Comme l'eau recommence à monter, il met la pompe en marche et lève l'ancre.

Le bateau, sorti de la zone dangereuse, vogue lentement vers la berge. Joseph lance la passerelle et Henri grimpe à bord. Son visage long et maigre couvert d'une salissure de barbe garde un vague aspect de jeunesse. Pas une ride, pas la moindre peau flasque sous le menton.

— Je te remercie d'être venu ! dit Joseph en lui tendant la main.

— Je comprends que c'est dur pour toi. Si je peux t'aider…

— Et les autres ? demande Joseph.

— Albert m'a téléphoné. Il part à la maison de retraite. C'était prévu depuis longtemps. Et puis, il a fait un malaise hier soir, chez lui.

— Son fils s'en débarrasse, voilà la vérité ! Et Paul ?

— Aucune nouvelle. Je suis passé chez lui, j'ai frappé et il ne m'a pas répondu.

Joseph manœuvre et le *Liberté* repart vers le milieu du lac avec Henri, le compagnon idéal, dévoué et si peu encombrant.

— Faut se rendre à l'évidence, marmonne Joseph. Le *Liberté* n'est pas au point.

— Mais qu'est-ce que tu racontes ? proteste Henri. Tu ne vas quand même pas baisser les bras devant une petite difficulté de rien du tout ! Je te dis qu'on va la trouver, cette maudite fuite !

Joseph n'a plus le courage de se battre, conscient de s'être attaqué à une réalisation trop compliquée pour lui. Une fois de plus, il s'est surestimé.

— Non, on n'y arrivera pas, soupire-t-il. Il y a des choses qu'on ne peut pas faire. Il faut l'accepter. On n'est plus de ce monde !

— Mais tu déconnes, Joseph ! Si c'est pour dire ça que tu as travaillé pendant tant d'années, c'est grave ! Alors, viens m'aider au lieu de raconter des conneries !

Joseph doit admettre que le timide Henri cache une force qu'il ne soupçonnait pas et qui lui apporte beaucoup de réconfort. Ils descendent à la cale et recommencent à inspecter les parois de tribord. Henri suit du bout des doigts les jointures des planches. Tout à coup, il sent comme un courant d'eau froide.

— J'ai trouvé, c'est là, regarde ! Bah, c'est pas compliqué à réparer. On va quand même tout vérifier.

C'est une victoire ! La découverte de la fuite redonne espoir à Joseph. Ce n'est qu'une minuscule fente entre deux planches, facile à colmater. Il avait redouté que l'ensemble de sa construction soit mauvais, que le *Liberté* soit percé de partout. Le voilà de nouveau confiant.

— Faut continuer les essais. Ici, on est sur une flaque d'eau ; l'océan c'est pas une mare, c'est immense et d'une puissance que rien n'arrête, ajoute Joseph avec la voix qu'il prend pour parler de la mer, son second amour après Margot.

Vers midi, l'inspection est terminée ; ils n'ont trouvé aucune autre fuite. L'optimisme est au plus haut.

— Restons prudent, tempère Joseph.

Ils ramènent le bateau à quai et se rendent à la Messonière chercher le matériel nécessaire. Quelques curieux toujours rassemblés en bordure de la prairie saluent un Joseph flatté de voir de l'admiration dans des regards inconnus. Il dit à Henri :

— Tu comprends que ça fait rêver les gens ! Tout le monde aime les bateaux !

— Peut-être !

— Parce qu'ils conduisent au-delà de l'horizon. La mer, c'est un mur qui cache le paradis pour les déçus de la vie !

A la Messonière, Joseph s'afflige devant le chantier ouvert à la place de son atelier. Sa maison est encore debout au milieu des gravats, des tas de terre, mais pas pour longtemps.

— Les salauds ! murmure-t-il.

La chaleur est torride. L'air vibre. Une lumière intense brûle le regard. Joseph entre dans la maison et prend une bière dans le réfrigérateur.

— Joseph ! Joseph !

La voix d'Alexandre surprend le vieil homme. La porte claque. Des pas rapides montent l'escalier.

— Tu sais que j'arrive à jouer plein de choses avec la flûte !

— Tu n'es pas encore parti chez ta cousine ?

— Non, c'est retardé. Ecoute.

Alexandre embouche l'instrument, positionne ses doigts sur les trous et commence une petite mélodie.

— C'est très bien, fait Joseph en souriant. Mais où as-tu trouvé cette chanson ?

— Je l'ai inventée. Elle m'est venue toute seule.

Joseph n'en revient pas. Voilà à peine huit jours que le gamin a sa petite flûte et il en tire déjà des mélodies pleines de charme.

— On dirait un rossignol, fait Joseph en pensant à Margot.

— Au fait, tu as vu mon portable ? dit l'enfant en montrant son téléphone. Je t'ai écrit mon numéro sur ce papier. Comme ça, tu pourras m'appeler quand je serai parti chez mes cousins à Naves !

Alexandre pose une bise rapide sur la barbe de Joseph puis va dans la cuisine, furète comme à son habitude.

— Joseph, c'est quoi cette photo ?

Joseph sursaute, tâte sa poche. Il a oublié sur la table la photo nette le représentant avec Margot. Il se précipite, arrache le cliché des mains du gamin.

— Donne ça ! C'est à moi !

— Mais dis, s'étonne l'enfant, celui qui est à côté de mamie Margot, c'est pas toi ?

— Si, c'est moi !

La porte du bas claque de nouveau. Jérôme fait irruption dans la cuisine.

— Tu ne peux pas laisser Joseph tranquille, non ?

Jérôme prend l'enfant par le bras et le pousse devant lui sur le perron. Joseph proteste en lui assurant qu'Alexandre ne le dérange jamais.

— Tu sais quoi ? annonce Alexandre à son père. J'ai vu une photo très ancienne. Mamie Margot avait onze ans et à côté Joseph m'a dit que c'était lui puisqu'il était le copain de mamie.

— Et alors ? Qu'est-ce que ça peut faire ?

— Mais c'est vrai, je te jure !

Ils sortent dans la cour. Avant d'enfourcher son vélo, le gamin ajoute :

— Eh bien, c'est pas possible que ce soit lui, parce que j'ai eu le temps de voir la photo et le garçon à côté de mamie, c'était moi !

— Qu'est-ce que tu racontes ?

— Je te jure que c'était moi !

Jérôme regarde son fils avec curiosité. Une question qu'il s'est souvent posée quand son père et sa mère se disputaient et qui le contrarie toujours lui revient à l'esprit.

— Je te dis que c'était moi avec des habits d'avant, insiste Alexandre. Mais comment il a fait pour trafiquer la photo ?

— Ecoute, répond Jérôme sur un ton conciliant, Joseph a sûrement fait un montage, il a mis ta tête à la place de la sienne pour te faire marcher !

— C'est pas possible ! Joseph ne sait pas se servir d'un ordinateur ! s'exclame Alexandre.

Il s'éloigne sur son vélo et Jérôme hésite à s'asseoir au volant. Il regarde la Messonière, debout au milieu du chantier. Depuis que Joseph lui a prêté sa camionnette, tous les matins il fait un détour pour passer devant. Un mystère se cache derrière ces murs orgueilleux, mais depuis la mort d'Aurélien il n'ose pas en parler à sa mère. Du perron Joseph lui crie :

— Viens boire un coup, au lieu de faire ta mauvaise tête !

Jérôme marche vers l'entrée en prenant le temps de regarder la façade taillée dans ce grès couleur de pain chaud avec ses coquilles de Saint-Jacques sculptées au-dessus des fenêtres et des deux portes.

— Tu entends ? lui demande Joseph.

Il perçoit à travers le chant des oiseaux une musique très légère, quelques notes de flûte.

— C'est Alexandre, reprend Jérôme. Qu'est-ce qu'il peut me casser les oreilles avec sa flûte… Marie m'a dit qu'elle n'en pouvait plus. C'est quoi, cette photo dont il a parlé ?

— Mais rien du tout ! Alexandre a de l'imagination. Tu sais, tous les gamins de dix ans se ressemblent un peu !

Quand Jérôme est parti, Joseph sort de nouveau. Ebloui par la lumière intense qui fige les grands arbres, il se rend dans l'appentis, s'empare d'une caisse à outils, des planches, et repart au Chastang. Près du bateau, des touristes demandent à Joseph de poser pour eux devant sa magnifique réalisation. Le vieil homme se prête volontiers à la séance, puis rejoint Henri déjà à bord. Pendant plus d'une heure, ils essaient de colmater la fuite. Leur tâche terminée, les deux hommes se regardent, satisfaits.

Ils mettent aussitôt le cap vers le large sous les applaudissements des curieux. Joseph, heureux d'avoir remporté une première victoire, frappe amicalement sur l'épaule d'Henri.

— Je savais que je pouvais compter sur toi !

Henri est flatté. Près de Joseph, il se sent bien et n'en demande pas plus.

— Le *Liberté* est enfin prêt pour prendre le large ! déclare le capitaine.

— Ouais, murmure Henri du bout des lèvres.

Joseph ouvre le réfrigérateur, puis les placards.

— Va falloir aller faire les courses. A part des gâteaux secs, il n'y a plus rien à bouffer et surtout plus grand-chose à boire !

Depuis la veille, Joseph n'a pas bu une goutte de whisky et ça lui manque. Il a pris le goût de l'alcool dans la marine, tout au long de ces journées sans horizon. Au début, c'était pour faire comme les autres, pour ne pas s'isoler des matelots pour qui la boisson était le meilleur moyen de passer le temps, puis l'envie s'est installée en lui. Il se dit que c'est une manière lâche de fuir l'adversité et sa propre vérité. S'il continue de boire, c'est que rien ne le retient sur cette terre, c'est pour endormir sa conscience et chasser ses mauvais souvenirs. « Avec Margot, j'aurais été un homme sérieux ! »

A côté de lui, Henri vide son verre par petites gorgées. Au bistrot, il fait comme les autres, pour ne pas être rejeté, mais ce n'est pas un alcoolique : il ne boit jamais seul.

— Pauvre Albert, grogne-t-il, je comprends qu'il soit tracassé par sa maladie de cœur. C'est qu'il n'est plus tout jeune !

— Il a quatre ans de plus que moi, ça lui fait soixante-dix-sept ans. Albert est un douillet et un peureux qui tremble au moindre petit bobo ! La vérité, c'est que sa bru ne le supporte pas et profite d'une faiblesse du cœur pour l'envoyer en maison de retraite…

Joseph parle comme ça, joue les fiers-à-bras devant un Henri au regard fuyant, mais il est lui-même tracassé par ses propres malaises. Il lève les yeux sur son voisin et constate :

— Tu as de la chance, toi, tu as traversé la vie sans te cogner aux murs. Pas la moindre maladie parce que tu t'es économisé chez ta vieille patronne. Tu es aussi propre que le petit Alexandre.

— C'est pas aussi vrai que tu le dis. Moi, je suis né comme un petit chien au fond d'une niche. Je devais être très laid puisque ma propre mère m'a abandonné.

— Faut pas parler comme ça. La vie te réserve peut-être une belle surprise.

— Non, il n'y avait rien dans l'enveloppe. Je ne suis jamais né puisque je n'ai pas de mère.

Le portable d'Henri sonne dans sa poche. Lui que personne n'appelle n'oublie jamais ce lien constant avec les autres. Le mystérieux appareil le relie au monde et il espère que les êtres immatériels de son passé vont, un jour, se manifester à lui.

Il porte le téléphone à l'oreille, ouvre de grands yeux puis fait une grimace. Enfin, il se tourne vers Joseph.

— Paul est mort. On l'a retrouvé noyé dans le Gour Noir !

— Nom de Dieu !

Joseph se dresse et regarde dehors par le hublot.

— Et nous, comme des cons qu'on est, on l'a laissé seul en pensant qu'il faisait la tête…

Il entre dans la cabine de pilotage, actionne la remontée de l'ancre.

— On y va. On peut pas rester là !

Le bateau vibre. Le bouillon blanc de l'hélice le pousse vers la prairie. Henri s'est placé à côté de Joseph près de la barre et regarde la danse des arbres sur la berge.

— Tout va de travers, dit le capitaine. Depuis qu'on a mis le *Liberté* ici, c'est plus comme avant. On se retrouvait au bistrot et la vie allait. Albert est parti à la maison de retraite et Paul et mort. On n'est plus que nous deux.

— Ouais, admet Henri. Mais on doit aller au bout de notre chemin.

Le *Liberté* accoste, Henri qui veut se rendre utile pose la passerelle.

— On se retrouve chez Maria, propose Joseph.

Avant de quitter le bateau, il va voir Georges, qui lève la tête vers lui. Le vieil homme le porte dans le pré avec beaucoup de précautions. L'animal trébuche sur ses pattes flageolantes, fait quelques pas en reniflant l'herbe.

Au bout de quelques minutes, Georges se traîne aux pieds de son maître, qui le prend de nouveau dans ses bras.

— Viens, mon Georges. Toi et moi, on ne vaut plus grand-chose.

Il ramène son compagnon des bons et mauvais jours à bord du paquebot, le pose sur sa couverture, le caresse doucement.

— Là tu seras tranquille. Je vais revenir très vite.

Il retourne à son Trafic. Les curieux ont déserté la berge.

Chez Maria, Joseph s'étonne de ne pas trouver Henri, parti bien avant lui. La bistrotière lui lance un regard triste et dit sur un ton fataliste :

— Le pauvre Paul ! On s'attendait pas à ça !

Joseph s'assoit et commande un verre de vin blanc. Henri arrive.

— Voilà ce qu'il reste de notre belle équipe.

— Tout a une fin, ajoute Maria. Paraît qu'Albert est très malade. Il faut se faire une raison. Le temps passe pour tout le monde.

Joseph vide son verre en réfléchissant à cette évidence. Qu'est-ce qui le retient dans ce monde ? Rien ? Son amour exclusif pour Margot a gangrené son existence, mais au moment de franchir le gué peut-il la laisser le haïr ? Cela lui fermerait les portes du paradis.

— C'est vrai, pourtant, la mort est plus facile pour les uns que pour les autres.

— Non, réplique Maria, la mort n'est facile pour personne.

Entre un homme d'une quarantaine d'années. Il ressemble à Paul, même tête ronde et cheveux rares, même corpulence.

— Bonsoir, je suis Amaury, le fils aîné de Paul Berthoul. Il a laissé ça pour vous ! dit-il en tendant une enveloppe à Joseph.

— On peut le voir ?

— Il est à la morgue, à Brive. Enterrement jeudi à dix heures.

Amaury sort sans rien ajouter. Joseph hésite un instant. Doit-il ouvrir la lettre ici, devant tout le monde ? Non, ce serait indécent.

— Je rentre à la Messonière. Il faut que je voie ce qu'ils ont fait.

La nuit est sombre. Joseph arrête son Trafic au milieu des engins de chantier qui encombrent la prairie proche de la route. Il marche sur les gravats jusqu'à la cour intérieure. Les pelleteuses ont délimité le tracé de la rocade au milieu du parc, les arbres séculaires encore debout seront abattus pour aménager un rond-point.

Joseph monte lentement les marches du perron, contemple un instant la lune au-dessus des chênes. La lettre de Paul pèse dans sa poche, à côté de la photo dont il ne se sépare pas. Les meubles de la cuisine, son fauteuil l'ont déjà oublié. Le voilà dans un intérieur impersonnel qui sent la poussière et le vieux linge. Il s'assoit à sa place habituelle, hésite à se servir à boire, puis renonce. Il pense à Georges et grogne :

— Pauvre vieux !

Il déchire l'enveloppe, conscient qu'elle a été cachetée par son ami vivant. Par ce geste anodin il le sort momentanément du néant, le ramène en arrière, avant le plongeon sans retour dans le Gour Noir. Paul est maintenant assis en face de lui et s'apprête à lui parler. Joseph allume la lampe murale, déplie la feuille.

J'aurais pu t'écrire avec mon ordinateur, j'ai préféré le faire à la main, c'est plus direct, plus vrai. Pardonne-moi si c'est difficile à lire.

Joseph regarde encore la bouteille et son verre. Conscient de céder à un désir qui le dévalorise, il renonce une fois encore. Il lève les yeux au plafond en se disant que cette victoire sur une mauvaise habitude le rend digne de la confiance de Paul. Il poursuit sa lecture :

Je ne vais pas te raconter ma vie, tu en connais l'essentiel. Le reste n'a pas une grande importance.

Joseph imagine Paul quelques instants avant sa mort programmée : « Un mot de rien du tout l'aurait arrêté ! »

Si je m'adresse à toi, c'est que tu es le plus fort de nous quatre. Ton expérience de marin au long cours te donne une hauteur de vue qui nous manque. Tu dois savoir que toute ma vie je n'ai pensé qu'à moi. Qu'est-ce que j'ai fait ? Rien. Je suis un petit employé, un fonctionnaire qui a vécu en enfant gâté. J'ai sacrifié ma famille à mes vices, d'abord la pêche, puis les copains, les dîners, les sorties... Tout mon argent y passait : saumon en Ecosse et en Alaska, dorados d'Amérique latine, truites de Russie. On partait en groupe et j'étais heureux, libre, sans la moindre contrainte, laissant tous les soucis à Martine. Vivre est un privilège que je ne mérite pas. Ma retraite n'est pas suffisante pour me permettre de finir mes jours au Val-Fleuri et je ne veux pas que mes enfants soient obligés de payer comme cela se fait quand le pensionnaire n'est pas solvable, alors je préfère partir sur la pointe des pieds vers l'inconnu.

— Finalement, sa mort le grandit ! murmure Joseph en repliant la feuille.

Ce soir, Jérôme est seul chez lui. La maison silencieuse, repliée sur son passé, le rejette. Il s'assoit à sa place habituelle, écrasé par les petits bruits de ces choses insignifiantes qui vivent quand on ne les regarde pas. Devant lui, le vaisselier avec ses assiettes décorées. Sa mère lui disait toujours qu'on ne les utilisait jamais de peur de les casser. A droite, la porte qui donne sur une chambre, celle qu'il occupe.

Alexandre est enfin parti à Naves, chez la cousine Amélie. Et Jérôme s'ennuie. Il regrette de s'être emporté contre son fils qui répétait pour la centième fois un air avec la flûte de Joseph. Il a été tenté de confisquer l'instrument, puis il a renoncé en mesurant le plaisir que le gamin prenait à jouer de la musique.

Jérôme n'a pas eu le temps de manger à midi, mais il n'a pas la force de se préparer à dîner. Son portable, ce lien avec l'extérieur, avec les autres, lui qui se sent si seul, est posé devant lui sur la table. Il voudrait appeler sa mère, comme il le fait quand le cafard risque de prendre le dessus, mais ce soir il attend un autre appel et ne veut surtout pas le rater.

Le silence de la maison et la nuit qui ne se décide pas à tomber le ramènent à ce qui a gâché son enfance, les querelles entre ses parents. Il écoutait aux portes et entendait fréquemment le nom de Joseph dans les reproches de son père. N'est-ce pas pour cela qu'il n'a jamais voulu se marier avant de rencontrer Caroline, en 1999, alors qu'il avait déjà trente-six ans ?

Le téléphone ne sonne toujours pas. Jérôme pense à Caroline. Que fait-elle à cette heure ? L'amour avec son gigolo ? Jérôme reconnaît ses torts, mais cet impulsif n'a aucune méchanceté et finit toujours par céder. Il aurait pu renoncer à boire si Caroline, de dix ans sa cadette, avait fait un effort pour l'accepter tel qu'il est, mais sa femme voulait un mari à ses petits soins.

Une voiture s'arrête devant la porte. Joseph sort de son Trafic et reste un long moment debout devant son véhicule. Puis il se décide et franchit le petit portail. Jérôme sort devant la porte restée ouverte.

— Bonsoir, je voulais savoir si Alexandre est bien arrivé à Naves, demande Joseph.

— Oui ! répond Jérôme.

Le regard de Joseph parcourt la façade de la maison, qu'il retrouve inchangée depuis l'époque où il venait chercher Margot. Il revoit encore la jeune fille assise sur la première marche qui l'attendait.

— Bon, merci, dit-il en faisant demi-tour.

Jérôme aimerait l'inviter à boire un verre, mais il se retient : si Alexandre l'appelle ? L'attente recommence. L'enfant se sent-il déjà si bien chez la cousine qu'il en oublie son père ? Comme le silence lui est insupportable, Jérôme compose le numéro de sa mère.

— Quelque chose ne va pas ? demande Margot.

— Si, tout va bien. Tu sais qui vient de sortir d'ici ?

Un silence. Margot se doute malgré elle.

— C'est Joseph, enchaîne Jérôme. Il venait demander des nouvelles d'Alexandre.

— Au fait, tu as vu son bateau ?

— Oui, c'est formidable.

Un long silence gêné s'installe. Heureusement, un petit signal avertit Jérôme que quelqu'un tente de le joindre.

— C'est sûrement Alexandre. Je te rappelle, dit-il à sa mère.

Mais il ne la rappelle pas et personne ne le rappelle non plus. Il sort sur le balcon. Le jour s'attarde ; le ciel très clair maintient une lumière sans ombre. Pas un souffle de vent, pas un bruit, la nuit hésite. Des langues d'ombre s'étalent sur le sol. Jérôme se souvient des étés passés. A Montpellier, la chaleur suffocante empêchait les odeurs du soir de se répandre. Mais il ne s'accordait pas le temps de regarder autour de lui. Caroline était à ses côtés et cela lui suffisait. Au début de leur séparation, Jérôme a sombré dans une profonde déprime. Il en voulait au monde entier et surtout à lui-même, qui n'avait pas su garder la seule femme avec qui il envisageait de partager le reste de sa vie. Mais devant les larmes d'Alexandre, que Margot gardait chez elle, il a changé d'attitude et dissimulé sa peine. C'est alors qu'il a décidé de quitter Montpellier, de refaire sa vie à Beaulieu, où il venait deux ou trois fois par an. Alexandre a voulu le suivre.

Il marche dans le chemin parallèle à la route, qui contourne le parc de la Messonière et conduit à la rivière. Imprimées dans la boue sèche, les traces du vélo d'Alexandre courent au bas de la descente. Un sourire tendre aux lèvres, Jérôme l'imagine zigzaguant entre les ornières. Alexandre lui manque. Sans lui, n'aurait-il pas sombré ?

Il parvient à l'endroit où l'ancien mur du parc est écroulé. Par la trouée, il aperçoit Joseph qui arrose ses légumes. Il le regarde un instant, toujours étonné par ce personnage aux multiples facettes. Joseph, qui l'a vu, se tourne, arrête le jet d'eau.

— Ah, c'est toi ! fait le vieil homme. J'arrose parce que les plantes souffrent comme les hommes. Je sais qu'ils vont tout dévaster, mais c'est pas une raison pour les priver d'eau tant qu'elles sont vivantes. Alors, tu prends le frais ?

— Oui. La maison est bien vide sans Alexandre. Je le réprimandais souvent, mais je m'ennuie déjà !

Joseph range le tuyau d'arrosage dans la petite cabane en planches.

— Votre bateau va bien ?

— Ouais, répond Joseph. Il va comme un bateau qui attend la haute mer. Tu veux le visiter ?

Avec cette invitation, Joseph se rapproche de Margot. La solitude de Jérôme ressemble à la sienne et rejoint celle de sa mère. Ils sont tous les trois les victimes d'une même bêtise.

Jérôme entre dans le parc par la trouée du mur. Les deux hommes retournent en silence vers la maison. Ils ne se parlent pas, trop accaparés par leurs pensées.

— On va prendre le Trafic ! propose Joseph.

Jérôme monte dans la camionnette avec le sentiment âpre de ne pas être à sa place. Joseph, d'ordinaire bavard, fixe la route claire. La présence de Jérôme le gêne autant qu'elle le comble. Margot s'est mariée avec Aurélien après son départ dans la marine. Jérôme est né de cette union, preuve que celle à qui il a sacrifié sa vie l'a vite oublié, même si elle a eu raison puisqu'il n'y avait pas d'autre solution. Son tort à lui, c'est d'être revenu à Beaulieu.

Ils atteignent le bord de la prairie qui surplombe le lac. Joseph redoutait quelque mauvaise surprise, mais non, le *Liberté* est bien là, masse sombre dressée sur les reflets cuivrés de l'eau. Ils marchent sur le sentier jusqu'à la passerelle. Un animal dérangé s'enfuit dans le taillis voisin. Une chouette pousse son cri de chasse.

— C'est magnifique ! murmure Jérôme, admiratif.

A bord, Joseph allume les lumières alimentées par une batterie. Jérôme marche sur le pont en retenant ses pas, comme s'il redoutait d'enfoncer les planches.

— Tu peux y aller, fanfaronne Joseph. C'est du solide. Ici, les cuisines, là la salle à manger et les cabines. J'en ai fait trois, parce que j'aime bien les chiffres impairs.

— Mais vous allez partir seul ?

— J'avais prévu de la place pour mes copains, ceux que les gens appellent les mousquetaires. Mais j'ai compris qu'ils n'ont pas envie de me suivre, alors je me débrouillerai.

Jérôme réfléchit un moment. Du hublot ouvert, il voit la forêt sombre sous un ciel resté clair où brillent les premières étoiles.

— Mais pourquoi vous voulez partir ? Vous pouvez trouver une autre maison, c'est pas ce qui manque !

— Un Lespaud ne peut vivre qu'à la Messonière, tranche Joseph.

— C'est Alexandre qui va vous regretter.

Le coup a porté. Joseph se dirige vers la passerelle, la tête basse. Quand il a commencé la construction du *Liberté*, il ne connaissait pas Alexandre et souhaitait s'éloigner le plus loin possible de Margot. Lui aussi regrettera le petit flûtiste. Il se débarrasse de la question avec une mauvaise foi évidente :

— Bah, il m'oubliera bien vite !

Cette réponse ne satisfait pas Jérôme, qui s'enferme dans un silence toujours aussi pesant : la belle réussite de son voisin lui fait prendre conscience de sa médiocrité. Normal que Caroline l'ait abandonné pour son collègue ! N'est-il pas, à quarante-neuf ans, qu'un modeste électricien marié sur le tard, avec des habitudes de vieux garçon sans aucune culture et manquant totalement d'imagination ?

Ce matin, il fait beau. Le soleil monte sur la plaie ouverte du parc. Peu à peu, les ouvriers arrivent. Joseph regarde un instant les machines à broyer sa propriété. A la place de l'atelier, un énorme rouleau tasse les gravats et la nouvelle route se dessine. Un des employés, probablement le chef, vient le saluer.

— Monsieur Lespaud, nous avons rangé votre bois ici, mais ce n'est peut-être pas la bonne place.

— J'ai vu ! Ça ira, répond Joseph.

Cela n'a plus d'importance. Ils peuvent le brûler ce beau merisier, Joseph n'est plus de la Messonière, et ne fabriquera plus de meubles. Là où il va aller, le mot « travail » n'a pas de sens.

— Vous vous êtes blessé ? demande encore l'ouvrier en remarquant son arcade sanguinolente.

— Oui, je me suis cogné dans le noir, cette nuit...

En fait, juste après avoir quitté Jérôme, il s'est heurté au pied de la table en tombant, victime d'une nouvelle attaque. Cela le tracasse au point qu'il hésite sur l'opportunité d'aller voir un médecin. Puis il décide que personne ne peut rien pour lui et que l'air marin arrangera tout.

Il monte dans sa camionnette et s'éloigne, laissant sa propriété aux destructeurs. La tête lui tourne. Il redoute de s'effondrer au volant. Il s'arrête sur le bas-côté, et sort respirer un peu de bon air. L'impression de flotter le fait trébucher. Il s'assoit sur un rocher, écoute les oiseaux en pensant à Alexandre, qui a vu la photo. Margot sera au courant. Il doit lui écrire pour ne pas la laisser croire n'importe quoi.

Il repart, la tête toujours lourde. Le voilà enfin au bord du lac et il redoute de retrouver son bateau. Hier soir, quand il est venu avec Jérôme, tout semblait normal, mais il faisait nuit et il s'est bien gardé de montrer la soute. Il marche dans le sentier en direction de la berge. Le *Liberté* se profile enfin après les grands chênes qui le masquaient. Joseph s'arrête, stupéfait.

— Nom de Dieu !

Il n'ose plus bouger. Que s'est-il passé encore ? Une nouvelle fissure ? Ce n'est pas possible ! Ou alors quelqu'un est venu percer la coque par jalousie, par méchanceté. On a trop parlé de lui dans les journaux pour ne pas risquer un sabotage.

— Nom de Dieu ! répète-t-il comme pour conjurer le mauvais sort.

Joseph se frotte les yeux pour s'assurer que c'est une illusion. Cette impression que le *Liberté* s'est enfoncé de deux mètres n'est due qu'à sa position surplombante. Une fois sur la passerelle il le retrouvera exactement comme la veille. « Hier, malgré l'obscurité, je l'aurais vu ! »

Une voiture s'arrête à côté du Trafic. Henri le rejoint.

— Qu'est-ce qu'il y a ? demande-t-il en arrivant tout près de la passerelle.

— Tu le vois bien !

Joseph est désespéré. Le voilà en face de son incapacité, de sa médiocrité. Depuis des années il travaille à ce bateau, il en a pensé chaque pièce, il a tout calculé en respectant les règles de la navigation. Tout ceci pour une coquille percée qui menace de sombrer dans une mare. Et c'est avec ça qu'il veut affronter l'océan et ses vagues géantes ! Il n'est qu'un fanfaron qui se vante beaucoup mais qui reste un bon à rien. Alexandre peut être heureux : son vieil ami n'est pas près de partir !

— Allez, viens, on va mettre la pompe en marche ! propose Henri.

— Pour quoi faire ? grogne Joseph. On va colmater cette nouvelle brèche, et après il y en aura une autre !

Il rebrousse chemin sans rien ajouter et monte dans son Trafic.

A bord du *Liberté*, Henri constate que l'eau arrive à la hauteur du pont. Tout l'intérieur, les cabines, la cuisine, le réfectoire, est noyé. Il n'y a plus d'électricité, mais le groupe électrogène à côté du poste de pilotage a été épargné. La pompe est restée à sa place sur le pont, avec à côté le bidon d'essence. Un matériel bien dérisoire pour la quantité d'eau à évacuer.

Joseph roule une partie de la matinée, au hasard des routes. Il s'éloigne vers Montpellier en pensant à Margot, mais ne veut pas parcourir une aussi longue distance en sachant que sa première visite était une erreur. Pourquoi avoir réveillé le passé puisqu'il n'y a pas de solution ? C'est à cause de ça que le bateau a des fuites : « J'y pense toujours, alors bien sûr j'ai mal travaillé ! »

Il a envie de boire, de fuir dans l'ivresse qui lui apporte la paix. Le whisky met de l'insouciance dans sa tête. Fuir les soucis, ne plus imaginer son bateau au fond du lac du Chastang et sourire, sentir une joie sans cause rayonner dans son corps, bref, voir la vie du bon côté. Tant pis si c'est mauvais pour la santé. Il faut bien mourir et les privations ne lui serviront à rien. Il se hait car il se sent sale, indigne de la naïve confiance du petit Alexandre.

Il roule encore vers le sud, s'arrête à Figeac, dans le parking d'un supermarché. Il a faim et surtout soif. Il achète une bouteille de whisky, du pain et de la charcuterie. Les premières gorgées du liquide brûlant lui font du bien, puis il en mesure la dérision. « Qu'est-ce que je fais ? Un homme digne regarde la réalité en face. Boire est un acte très lâche ! » Il se débarrasse de sa bouteille dans une poubelle, puis revient vers son véhicule tout en regrettant son geste. Son mauvais génie lui souffle qu'endormir ses douleurs avec du whisky est moins grave que d'avaler des calmants. Et comme ses problèmes n'ont pas de solution, il peut hâter sa fin en prenant du plaisir, même artificiel. Le voilà sur le point d'aller récupérer sa bouteille quand il pense au risque de se faire arrêter par les gendarmes. Il quitte Figeac en direction de Brive, plus sombre que jamais. Il n'a sa place nulle part.

Il arrive en fin d'après-midi à Beaulieu, mais se contente de longer la route à côté de la Messonière. Les ouvriers ont quitté le chantier et les machines, gros insectes immobiles, les godets posés au sol pour ne pas fatiguer les mécanismes, font peser leur menace destructrice. Il poursuit en direction du Chastang avec une idée en tête : surtout ne pas laisser ce bateau à moitié coulé montrer sa défaite, son incapacité. « Je ne vais pas leur donner l'occasion de rigoler ! »

Et Georges ? Depuis ce matin, il n'a pensé qu'à ses petits tracas tandis que son pauvre chien l'attend sur sa couverture pour aller faire ses besoins dans le pré. Georges est tellement propre qu'il ne s'est jamais laissé aller entre les murs de la Messonière quand Joseph restait toute la journée au bistrot. « Je ne suis même pas digne d'un chien ! » Il marche dans le sentier jusqu'au chêne, s'arrête, se frotte les yeux. Est-ce possible ? A-t-il fait un mauvais rêve ? Le bateau a retrouvé son niveau et flotte royalement. Il court à la passerelle. Sur le pont, Henri lui tourne un visage radieux.

— J'ai trouvé une pompe, très puissante, et l'eau est partie, dit-il. Le bateau est plus léger. J'ai aussi cherché la fuite, mais moi, tu sais, je connais rien en bateau.

Joseph voudrait le serrer dans ses bras. Il descend dans la soute et commence l'inspection de la coque. Il vérifie que sa réparation de la veille a bien tenu, puis avec sa torche éclaire les planches goudronnées et découvre la nouvelle fuite.

— A mon avis, ça vient pas de là, annonce Henri.

— Ah bon ? s'étonne Joseph, un peu moqueur à l'égard d'un paysan qui n'avait jamais vu de bateau de près avant le *Liberté*.

— Oui, viens voir.

Les deux hommes se rendent au poste de pilotage, près de la cage étanche qui contient le moteur. Il reste là quelques centimètres d'eau que la pompe n'a pu enlever. Henri braque la lampe sur un bouillonnement.

— Regarde, les poussières montent du fond vers la surface, c'est bien la preuve que...

— Nom de Dieu, tranche Joseph. On n'y arrivera jamais.

— Pourquoi tu dis ça ? Ce bateau est tellement beau ! Tu ne vas pas baisser les bras au premier pépin ! Allez, on réfléchit et on trouve la solution. Il existe des produits qui gonflent dans l'eau et bouchent les trous...

— Ça tiendra pas ! Le *Liberté* pèse des tonnes !

— Essayons quand même. Quand l'eau ne rentrera plus, on pourra faire une réparation plus solide.

— Tu parles comme quelqu'un qui n'a jamais navigué. La mer, c'est pas un endroit de plaisir.

— Je suis allé chercher du produit à Brive. Il est dans ma voiture. On va essayer.

Il court dans la prairie jusqu'à la route et revient portant une caisse.

— C'est une sorte de ciment, explique-t-il. Tu mélanges les deux paquets, tu mouilles avec de l'eau et c'est prêt. Tu le mets dans la fissure, ça gonfle en empêchant l'eau de rentrer.

Tout en parlant, Henri commence le mélange. Joseph le regarde faire sans y croire.

— Ça tiendra jamais, je te dis !

Il se rend dans sa cabine et constate que l'eau a imbibé les couvertures du lit. Georges est là, inerte au milieu de la pièce, ses poils mouillés agglutinés en longs pinceaux sombres.

— Mon Georges !

Henri accourt et trouve Joseph à genoux sur le sol où subsistent encore de larges flaques, serrant contre lui le corps froid de l'animal.

— Georges s'est noyé ! Je suis le pire des hommes !

— Voyons, Joseph, ce n'est qu'un chien, réplique Henri avec son bon sens paysan.

— Quoi ? le menace Joseph en se dressant en face de lui. Georges n'est pas qu'un chien, c'est un ami, tu peux pas comprendre, toi qui n'as jamais eu personne !

L'attaque blesse Henri. Lui qui a tant manqué d'amour n'aime pas qu'on ravive ses regrets et son mal-être.

— C'est de ma faute, poursuit Joseph d'une voix cassée, comme au bord des larmes.

Henri tente de le réconforter. Le coupable, c'est lui : s'il avait pensé à récupérer Georges ce matin, peut-être ne serait-il pas mort. A genoux près du cadavre, Joseph, les mains jointes, murmure :

— Si on n'est pas capable d'attention pour un chien, on ne peut pas l'être pour les hommes.

— Je sais, répond Henri.

— Tu vois, reprend Joseph, j'avais fait ma famille avec un âne et un chien, marmonne le marin. J'ai donné l'âne, qui doit s'ennuyer dans sa prairie où des enfants mal élevés viennent l'embêter à longueur de journée, et j'ai laissé mon pauvre Georges se noyer. Voilà ce que j'ai fait pour une Amérique où je n'irai jamais plus !

— Pourquoi tu dis ça ? ose Henri. Les fissures sont colmatées. Le *Liberté* va pouvoir naviguer.

— Je n'y crois plus !

Pour la première fois, il doute que les autorités des mines donnent au *Liberté* l'autorisation de naviguer en haute mer. Pourtant, la réparation d'Henri tient bon et le soleil sèche les langues d'eau sur le pont. Le moteur dans son logement n'a pas souffert de l'immersion et démarre à la première sollicitation. L'ancre démesurée remonte des dix mètres de fond avec un bruit de chaîne qui s'enroule. Le capitaine embraye l'hélice et le paquebot se met en mouvement dans un remous d'eau blanche. A la barre, Joseph suit les indications de l'échosondeur pour ne pas s'échouer. La lumière du jour décline, un vol de canards traverse le lac qui reflète les grands arbres. Joseph pense aux espaces infinis de l'océan, à la planète liquide qu'il a connue. Le balancement du bateau le ramène des années en arrière. Le soleil des tropiques brûlait alors les épaules. Les belles journées en pleine mer se ressemblaient toutes, avec cette tranquillité du temps qui ne dure pas, uniforme, seulement animé par une houle pacifique.

Après un long moment de réflexion, Joseph se dit que Georges n'est pas mort de noyade puisqu'il sait nager et qu'il aurait pu, malgré son âge, se réfugier sur le lit que l'eau n'a pas recouvert. Georges est mort de sa belle mort, comme tous les vieux chiens et les vieux hommes, après un dernier soupir qui l'a vidé de son énergie vitale.

Quand le bateau parvient au milieu du lac, Joseph annonce :

— Georges n'aurait pas aimé être enterré et mangé par les vers. Je lui ai tant parlé de la mer qu'il était devenu un vrai chien matelot.

Henri ne comprend pas toujours les propos de Joseph. Lui, le petit ouvrier agricole, ne sait du grand monde que ce qu'il a vu à la télévision, des images lointaines sans odeurs, sans risque, sans émotions.

— Georges sera bien, ici. Et puis, on n'a nulle part pour l'enterrer.

— Mais tu gardes bien une partie du parc de la Messonière. C'est assez grand…

— Non, tranche Joseph. Moi, je vais mourir aussi, alors le parc sera déboisé et à la place on construira des maisons. Georges sera dérangé par des cons et tu imagines qu'on emmène ses os avec les gravats ! Il n'a pas mérité ça !

Sans rien ajouter, Joseph part chercher le corps du chien, qu'il pose sur le pont.

— Ici, il sera bien. Paraît que l'eau, c'est la porte d'un autre monde où les hommes et les bêtes n'ont pas de poids et ne sont jamais malades ! Ce sont mes amis à la peau de cuivre qui me l'ont dit !

Il redescend dans sa cabine. Pendant ce temps, Henri pense à ce que disent les pêcheurs : le fond de la retenue est tapissé d'écrevisses américaines, de grosses écrevisses rouges qui grignotent tout. Il pense aussi aux silures de deux mètres de long, ces poissons hideux à la gueule démesurée capables d'avaler Georges.

Joseph revient portant dans sa main droite une pierre aux précieux reflets bleus.

— Je l'ai rapportée de chez les hommes à la peau de cuivre. Ils disaient que ça portait bonheur.

Tout en parlant, il attache la pierre au cou du cadavre avec une infinie précaution.

— Tu comprends, il peut en avoir besoin, là où il va.

Henri songe toujours aux écrevisses démesurées et aux silures de deux mètres, mais n'ose pas en parler. Joseph prend le chien dans ses bras et se penche sur l'eau.

— Bon voyage, mon Georges, on se retrouvera bientôt !

Le corps inerte glisse dans l'eau sombre, brise la surface et s'enfonce lentement. Joseph reste un long moment penché, les bras ouverts, regardant l'eau se refermer. Enfin, il tourne vers Henri un visage plein de larmes qui roulent sur ses joues et se perdent dans sa barbe.

— On rentre, décide-t-il en reniflant. On va aller manger un morceau chez Maria.

La perte de son chien le pousse à renouer avec ses habitudes. Sans attendre l'avis d'Henri, il met le moteur en marche, lève l'ancre et fait demi-tour. Mais il ne se dirige pas vers l'habituel point d'ancrage, il contourne une avancée de la forêt, se rapproche d'une berge que l'on ne voit pas de la route.

— Le lit de la rivière passe par là, c'est assez profond. On va le laisser ici. Comme ça, les gens ne le verront pas de la route.

Il manœuvre et constate à l'échosondeur que d'énormes rochers immergés empêchent l'accostage.

— Tant pis, on revient au port ! fait-il, résigné.

A Beaulieu, il gare son véhicule devant le bistrot, où les habitués, déjà, sont à l'apéritif. Lorsqu'il entre, des rires fusent.

— Tiens, dit l'un d'eux, voilà le fabricant de sous-marins !

— J'espère pour tes passagers que tu as prévu des gilets de sauvetage !

Il ressort sous les huées. Tout rentre dans un ordre rassurant : Joseph, que les journaux ont présenté comme un bricoleur de génie, un artisan hors pair capable de surmonter toutes les difficultés de la construction navale, redevient ce qu'il a toujours été : un retraité de la marine qui n'a jamais rien fait de sa vie. A la Messonière, il voit que sur le portail, des plaisantins ont accroché une pancarte :

JOSEPH LESPAUD
piscines en tous genres

Il ne prend pas la peine d'enlever l'écriteau infamant. A la lumière rasante du soleil couchant, sa maison se dresse au milieu d'une terre à nu. Il s'assoit à sa place habituelle, bien conscient que le dernier des Lespaud ne survivra pas à ce qui était l'orgueil de la famille.

Ce même soir, Jérôme est rentré chez lui en prenant les petites routes. Il a bu un peu trop et redoute les gendarmes. Il arrive pourtant sans encombre à Beaulieu, passe devant la Messonière, qui l'attire malgré lui. La lumière est allumée. Comme il n'est pas pressé de rentrer dans sa maison vide, il s'arrête. Il n'a cessé de penser au bateau. Ce matin, en partant au travail, il n'a pas pu s'empêcher de faire un détour par le Chastang. Et il a eu l'impression qu'il s'était enfoncé dans l'eau, mais ce soir il l'a revu dans toute sa splendeur.

Il traverse la cour, monte l'escalier. La porte est ouverte ; il entre, avance dans le couloir en retenant ses pas. Joseph, qui a l'oreille fine, se tourne.

— Ah, c'est toi ? Viens.

— Bonsoir, Joseph, je voudrais voir la photo. Alexandre m'en a encore parlé, tout à l'heure. C'est quand même bizarre, non ?

Il parle comme ça, Jérôme, mais certaines remarques de son père lui reviennent souvent à l'esprit. Un doute s'est glissé en lui, surtout depuis cette photo qu'Alexandre a vue par hasard.

— Je ne sais pas ce que j'en ai fait, répond Joseph.

Jérôme sort de son veston un petit cahier à couverture mauve.

— Je l'ai trouvé dans de vieux livres au grenier, hier, en fouinant. Il y avait même les bulletins scolaires de ma mère.

— C'est quoi ? demande Joseph, tout à coup intrigué.

— Son journal de jeune fille. Je l'ai lu.

— Ah bon ?

— Oui, elle ne m'a jamais caché que vous avez été ensemble. Et puis quand je lui ai annoncé mon intention de venir habiter ici avec Alexandre, elle m'a parlé franchement. Je sais combien vous avez été lâche avec elle, combien vous l'avez fait souffrir. Je devrais vous en vouloir.

Une pudeur qu'il ne se connaissait pas le retient d'évoquer les disputes entre ses parents et les propos si durs de son père en colère. Il s'est toujours demandé pourquoi il reprochait à Margot de ne pas avoir tenu sa promesse. Mais quelle promesse ?

Tout en parlant, Jérôme tourne tranquillement les pages du cahier.

— Ecoutez ce que je lis, à la date du 18 juin 1962 : « Cette semaine, j'ai passé les plus belles journées de ma vie avec Joseph. Nous étions à Royan. Nous logions dans un hôtel qui donnait sur la mer. Nous avons fait de longues promenades près de l'océan, nous nous sommes aimés et nous avons choisi la date de notre mariage : le 30 octobre, pour prendre le temps de tout préparer. Nous avons mis au point notre voyage de noces en Espagne. »

Joseph écoute, en baissant les yeux. Sa barbe cache la contraction de son visage. Il se revoit presque cinquante ans plus tôt, au retour de Royan. En fin d'après-midi, il avait déposé Margot chez elle et il était rentré à la Messonière. Il avait embrassé sa mère, qui lui faisait la tête, puis avait rejoint son père. Celui-ci l'avait accueilli froidement. Jean avait demandé à Joseph de le suivre dans la réserve du bois dont il avait fermé la porte à double tour pour que les mots qu'il allait prononcer ne s'échappent pas. Il avait commencé à parler d'une voix très basse, comme s'il craignait de se blesser avec des propos aussi tranchants que des lames de rasoir :

« Je sais d'où tu viens. Tu étais avec Margot. Alors, il faut que tu saches... »

Il avait encore baissé le ton, pour un murmure à peine audible, mais Joseph avait bien entendu.

« Assieds-toi là, à côté de moi. Je vais te dire ce que je n'ai jamais dit à personne. C'est très grave ! »

Joseph s'attendait certes à la révélation d'un secret de famille, mais la gravité de son père lui indiquait qu'après cet instant de vérité plus rien ne serait comme avant. Le silence de ce lieu, d'ordinaire bruyant, pesait sur les deux hommes. Joseph pensait encore aux merveilleuses journées passées avec Margot. Il se préparait à annoncer à son père la date de leur mariage.

« Tu as grandi avec Margot. Pendant longtemps j'ai pensé que ce n'était qu'une amitié d'enfance. Je comprends désormais que c'est très sérieux. Pourtant, entre toi et Margot, c'est impossible ! »

Un long silence avait suivi puis Jean avait poursuivi :

« Impossible, et quand tu sauras ce que je n'ai jamais dit à personne, tu ne voudras plus jamais la revoir ! »

Le soir même, Joseph partait à Bordeaux pour s'engager dans la marine...

— Ça vous fait drôle, dites donc ! s'exclame Jérôme.

Tout à ses souvenirs, Joseph sursaute.

— Ecoutez la page suivante, poursuit Jérôme. C'est daté du 20 juin : « Je viens d'apprendre que Joseph est parti à Bordeaux avant-hier, après notre retour de Royan. Sa mère le raconte à tout le monde. Il s'est engagé dans la marine. Je sais que c'est pour me fuir parce qu'il n'a pas envie de m'épouser et n'a pas eu le courage de me le dire. Je ne pourrai pas vivre sans lui. J'ai envie de mourir. »

Joseph soupire, Jérôme poursuit :

— Voilà la raison de la mauvaise humeur constante de ma mère et de la haine qui brille dans ses yeux chaque fois qu'on parle de vous. Par la suite, elle s'est mariée avec le meilleur des hommes, mon père, mais ma mère n'a jamais réussi à vous oublier et ils se disputaient beaucoup. Vous comprenez combien j'ai souffert par votre faute !

— Je comprends, admet Joseph en sortant un verre du placard. Mais ce n'est pas si simple. Assieds-toi, tu me fatigues à rester debout devant moi.

Jérôme s'assoit et laisse Joseph remplir son verre.

— Si je suis parti, si je suis devenu ce vieil homme insupportable, sache que je ne pouvais pas faire autrement. Si je ne me suis jamais marié, c'est parce que moi aussi, je n'ai jamais oublié ta mère.

Jérôme vide son verre. Il vient de réaliser que son animosité contre Joseph cache une étrange attirance à laquelle il ne veut surtout pas céder. Il devine aussi pourquoi il a voulu revenir ici. Car il avait besoin de se confier, de partager ses peines.

— Je n'ai pas été un exemple non plus, dit-il en baissant la tête. Et si je me suis marié à trente-neuf ans, c'est que Caroline voulait un enfant. Moi, je m'en serais bien passé, et voilà qu'Alexandre occupe désormais toutes mes pensées.

— C'est ta chance, ce gamin. Tu ne seras jamais seul comme moi.

Leurs regards se croisent. Ce soir, unissant leurs deux solitudes, ils ont accompli un grand pas l'un vers l'autre.

— Il faut que j'y aille, s'excuse Jérôme, je dois me lever très tôt demain matin.

Le lendemain, après une mauvaise nuit, Joseph se prépare pour aller à l'enterrement de Paul. Il achète deux croissants qu'il mange rapidement au volant de son véhicule. Il n'a pas fait un gros effort de toilette pour accompagner son ami : une veste de velours sombre, un blue-jean pas trop sale et sa casquette d'officier de la marine. Il n'a pas osé mettre son uniforme pour ne pas susciter les moqueries après les déboires du *Liberté*. Il entre chez Maria ; Henri l'attend, accoudé au comptoir. Le vieux garçon a endossé son seul costume, acheté voilà une dizaine d'années à l'occasion du mariage de la petite fille de la vieille Joséphine. La veste est mal ajustée à ses épaules étroites, le pantalon trop long tombe en gros plis sur des chaussures en cuir craquelé. Il a tenté de se raser et de dompter ses cheveux gris frisés. La peau de ses joues est plus claire que d'habitude et son regard garde son air fataliste et fuyant, malgré l'accoutrement qui le transforme.

Quand ils voient le corbillard s'arrêter devant l'entrée de l'église, Joseph souffle à Henri :

— Tu ne peux pas savoir la chance que tu as.

— C'est toi qui le dis ! Je changerais bien avec toi. Moi, j'ai personne, et mes envies de voyage n'existent plus que dans mes rêves de gosse !

— Peut-être, mais c'est toujours ça !

Peu de gens se sont rassemblés derrière le cercueil que les employés des pompes funèbres sortent de la camionnette noire. Joseph et Henri, la casquette à la main, s'approchent. Au premier rang, ils reconnaissent le fils de Paul, des neveux et la sœur du défunt, la tête couverte d'un foulard noir. Quelques voisins sont là aussi. Ses petits-enfants sont absents. Le maire et les membres de la municipalité n'ont pas jugé bon de se montrer. A l'église, le service est minimal. Une bénédiction, pour qu'on ne prétende pas que la famille n'a rien fait. Le curé évoque l'employé modèle tant apprécié par ses collègues et on s'en tient là. On se rend au cimetière. Les rangs se sont encore éclaircis et il ne reste qu'un petit groupe de moins de dix personnes. Joseph et Henri marchent derrière les proches. Joseph pense à son propre enterrement et se dit qu'il y aura encore moins de monde. Ça lui fait mal, comme si cette présence, cette marque d'affection posthume, pouvait réconforter celui qu'on porte en terre.

Après l'enterrement, les deux hommes retournent chez Maria, où l'on parle de ce pauvre Paul. Personne ne fait allusion au bateau de Joseph. Ça tombe bien car il n'est pas d'humeur à entendre des plaisanteries. Il s'assoit à une table avec Henri et commande une omelette. Puis il rentre chez lui sans répondre aux questions des curieux. Henri respecte son silence et s'éloigne discrètement.

A la Messonière, Joseph est gêné par le bruit des engins de chantier. Il se rend à la petite maison au bout du parc. Son délabrement convient à son état d'esprit. Des frênes ont poussé sur le chemin autrefois empierré qui permettait de rejoindre la route de Brive.

Quelques heures plus tôt, en marchant derrière le cercueil de Paul, il a pris une décision. Il sait qu'il ne retournera pas chez les hommes à la peau de cuivre et c'est bien ainsi. Au bout de plusieurs années, la mer lui manquait. L'oisiveté érigée en principe le lassait. Il avait l'impression de ne pas vivre. Tout était trop bien ! Le bonheur acquis sans effort demande beaucoup d'habitude et de sagesse pour en profiter. La vie était rythmée par des coutumes inchangées et les surprises n'existaient pas. Alors, il s'est rendu à Cayenne, et là, il s'est mis en règle avec l'armée. Il a rempilé pour deux années, histoire de s'assurer une retraite confortable. Puis il est rentré à la Messonière, où sa mère l'a accueilli comme un revenant car on lui avait annoncé sa disparition dans la forêt amazonienne.

L'image d'Alexandre surgissant dans son esprit allume une étincelle de lumière dans ses petits yeux sombres. Le voilà casé dans une famille, loin de lui. Très vite, il oubliera son voisin grincheux, peut-être apprendra-t-il à le haïr ! Cette pensée fait beaucoup de mal à Joseph, qui mesure tout à coup l'ampleur de sa solitude.

Il retourne dans la grande maison où il est né et qui ne lui appartient plus, s'assoit dans la cuisine, les mains posées sur la table devant son verre vide. Que lui reste-t-il après la désillusion du *Liberté* ? Paul a eu raison de se jeter dans le Gour Noir. Maintenant, il est bien tranquille, sans regrets, sans pensées, sans douleurs. Joseph se dit que sombrer lors d'une nouvelle attaque serait une bonne chose puisqu'il n'a plus rien. Il paraît que la mort est agréable, qu'elle tend les bras comme la plus douce des maîtresses. Alors pourquoi tarder ? Pourquoi attendre ?

Il doit d'abord se décharger la conscience et écrire la vérité à Margot pour ne pas lui laisser le mauvais souvenir d'un homme sans honneur. Lui révéler la raison qui l'a poussé à s'engager dans la marine. Joseph mort, le secret révélé perdra sa nocivité, elle pardonnera à la mémoire de celui qui a porté seul un écrasant fardeau.

Il va chercher du papier dans le tiroir de la commode, un stylo et commence sa confession.

On a raconté beaucoup de choses après mon départ. Voici la vérité, la seule que tu dois entendre et que je ne pouvais te révéler sans te faire terriblement mal. Au retour de Royan, j'ai eu une conversation avec mon père…

Les mots viennent naturellement et Joseph griffonne plusieurs pages de son écriture pointue et souvent illisible. C'est à Margot qu'il s'adresse, et enfin elle l'écoute.

Après avoir mis des mots sur ce qui l'a empêché de vivre, il ajoute :

Le bateau, je l'ai construit parce qu'on m'a dépossédé de la Messonière et que je devais fuir à nouveau, car la vie a fait de nous deux monstres. En réalité, je n'aurais jamais dû revenir, mais voilà, en Amazonie, un sorcier m'avait dit que je serais très heureux à la fin de ma vie. Et je faisais souvent un rêve étrange : tu m'appelais, tu me suppliais de revenir parce que ce que mon père m'avait dit était faux.

Maintenant, il ne me reste rien. Toi, tu as Jérôme et Alexandre. Moi, depuis cinquante ans, je paie la faute d'un autre. Je meurs pour trouver enfin la paix.

Il glisse la feuille dans une enveloppe, inscrit l'adresse en s'appliquant pour que le facteur ne se trompe pas, puis la pose contre la bouteille, bien en vue. Il fouille les poches de sa veste de velours et place la photo sous la lumière de la lampe. Le cliché n'est pas suffisamment net pour donner tous les détails, mais l'on y voit bien Joseph, à onze ans, petit garçon ordinaire à la tête ronde, aux cheveux noirs, raides et mal coiffés. Il a une ressemblance avec Alexandre, c'est indéniable.

Joseph ouvre l'enveloppe pour Margot, glisse le cliché à l'intérieur. « Comme ça, elle se fera son idée ! » Puis il pense à Alexandre. « J'ai pas fait mon testament. Je ne suis pas riche, mais pas si pauvre que ça ! Même sans la Messonière, il y a l'immeuble à Brive où mon père exposait ses meubles et qu'on a transformé en appartements, il y a les terres sur le Causse qui viennent de ma mère, et puis j'ai touché un beau magot avec l'expropriation. Si je ne fais rien, tout ça ira à Antoine, mon neveu qui ne le mérite pas ! »

Il rédige une seconde lettre, écrit à l'endroit de l'adresse : *A déposer chez Maître Lecourt, notaire à Objat.*

Le voilà libéré de ses regrets, de ses faiblesses. Le voilà libre comme un nuage qui se forme et se dissout dans le bleu du ciel. Il va franchir les espaces infinis. Ne pas réfléchir, ne pas respirer en redoutant l'attaque qui pourrait le laisser grabataire, voilà ce qu'il souhaite. Finalement, le but de chaque être n'est-il pas le néant, le rien, ce qui n'a pas de nom et ne peut pas s'imaginer ?

Il va chercher dans l'armoire de sa chambre le pistolet rapporté des Caraïbes. Il paraît qu'on ne sent rien, que la mort est immédiate. Une seule balle suffit. Il s'allonge sur son lit, l'esprit noir, déjà ailleurs.

Un dernier regard à une autre photo de lui et de Margot à vingt ans placée sur sa table de chevet et le voilà sans regrets. Il ferme de nouveau les yeux, approche le canon de sa tempe.

— Joseph ! Joseph ! Tu es là ?

La porte de la cuisine claque, puis celle de la chambre. Alexandre trouve le vieil homme allongé sur son lit, un pistolet à la main.

— Mais qu'est-ce que tu fais ?

Joseph sursaute et d'un geste vif cache le pistolet sous la couverture, puis se dresse.

— Et toi, tu n'es pas chez ta cousine ?

— Je suis revenu jusqu'à ce soir. Alors, je reste avec mon père. Mais toi ?

Effrayé, l'enfant a reculé d'un pas vers la porte, car il a vu le pistolet. Joseph se lève lentement. Une fois debout à côté du lit, il murmure :

— Je me sens patraque, alors, je me reposais un peu.

Il marche d'un pas fatigué en direction de la porte. Alexandre, sans le quitter des yeux, s'écarte, comme si celui qui s'approche de lui n'était pas le Joseph qu'il connaît.

— Dis, tu n'allais pas…

— Qu'est-ce que tu crois ? Allez, viens, je vais te parler des hommes à la peau de cuivre.

— C'est pas le moment ! réplique le gamin en détalant.

Alexandre court chez lui. Ce samedi matin, son père est en train de défricher le jardinet derrière la maison, laissé à l'abandon depuis des années. Un taillis de pruniers sauvages a poussé à la place de l'ancien potager. Il coupe les ronces et les aubépines, mais certains arbres sont déjà trop gros pour être abattus à coups de serpe.

— Papa, dit Alexandre, essoufflé, je crois que Joseph ne va pas bien ! Je l'ai trouvé sur son lit avec… avec un pistolet !

— Qu'est-ce que tu dis ?

— Mais c'est vrai, crie le gamin, je te jure !

Jérôme se tourne vers la Messonière. La sueur roule sur son visage. Alexandre remarque l'épi sur le sommet du crâne, le même que Joseph.

— Bon, je vais le voir et lui emprunter sa tronçonneuse. Je n'arriverai jamais à couper ces arbres avec ma petite scie.

Il pose son outil et se rend chez Joseph. Alexandre marche à ses côtés. Il voudrait lui prendre la main, mais ne le fait pas, considérant que c'est un geste de tout petit enfant. Ils contournent la maison. Jérôme monte les marches du perron. Joseph arrive à sa rencontre, les cheveux en broussaille.

— Ah, c'est toi ? Qu'est-ce que tu veux ? demande-t-il, bourru.

— Je suis en train de nettoyer le jardin. Mais les pruniers sont trop gros. Vous ne pourriez pas me prêter votre tronçonneuse ?

Joseph ne quitte pas Alexandre du regard. Qu'a-t-il raconté à son père ? Enfin, le vieil homme lui confie la clef de la remise.

— Je ne suis pas sûr qu'elle marche bien. Mais tu te débrouilleras !

Jérôme remercie et s'en va. Alexandre reste en arrière.

— Tu sais, Joseph, je t'aime bien ! dit-il avant de détaler.

Une fois seul, Joseph prend une décision. Il va chercher dans sa chambre le pistolet caché sous la couverture de son lit et monte au grenier fouiller dans les vieux papiers de la famille. Il éprouve le besoin de renouer avec ceux qui l'ont précédé, de leur dire qu'il a fait son possible pour sauver leur maison.

« Ce bateau, c'était pour attirer l'attention des gens sur la bêtise de la municipalité, mais tout le monde se fout de la Messonière. »

Il ouvre une malle et commence à feuilleter des vieux livres, des photos couvertes de poussière et montrant des hommes encore jeunes, des femmes aux sourires lointains et gracieux. La saga des Lespaud est là, écrite sur ces papiers glacés jaunis, et sagement gardée derrière une apparence immuable, une jeunesse éternelle. Ils ont tous disparu et pourtant, ils continuent d'arborer fièrement leurs beaux vêtements qui dénotent une aisance bourgeoise. Son grand-père, un Joseph comme lui, dresse sa tête au front large. Il n'est pas peu fier de poser devant le photographe et de montrer la belle chaîne en or qui retient sa montre oignon. Qu'en est-il maintenant de l'orgueilleux patron qui parlait avec hauteur à ses domestiques ? Le dimanche il se rendait à l'église avec Julie, sa femme, son fils et sa fille. Les ouvriers, les paysans ôtaient leur chapeau pour les saluer. Les propriétaires de la Messonière n'étaient pas nobles comme Mme de Vespré, qui habitait le manoir du Saillant, mais leur manufacture de meubles faisait travailler une trentaine de personnes. Joseph recevait le préfet à sa table. La photo suivante présente son père en habit militaire. Un fort bel homme, avec ses cheveux souples qui formaient de larges boucles sur ses oreilles. Il a été le dernier de la lignée à vivre dans la tradition familiale, au milieu du bois et des meubles. Sait-il là où il est que la Messonière va être rasée ? Joseph pousse un long soupir et remballe les photos dans le coffre qu'il emporte.

Ce travail de tri lui a pris de longues heures qu'il n'a pas vues passer. Quelques nuages se sont formés sur l'horizon, mais il voit le soleil coupé en deux par une ligne sombre, signe qu'il fera encore très beau demain. Il pense à ses légumes qui vont manquer d'eau, au bonheur que ce petit lopin de terre lui a toujours donné. « Ils ont soif ! » se dit-il, en marchant dans le sentier et conscient qu'il ne peut pas les laisser souffrir. Parfois, les nuits d'été apportent un peu d'humidité, mais ce n'est jamais suffisant. Alors, il branche le tuyau et arrose copieusement les plantes dont les feuilles se redressent sous la pluie qui brille de toutes les couleurs du couchant.

A côté, Jérôme manie la tronçonneuse. Joseph aimerait qu'Alexandre vienne lui faire la dernière visite de la journée, mais le gamin doit être occupé. En effet, quand le bruit strident du moteur s'arrête, il entend la flûte lancée dans une suite de notes pleines de vie et de couleur. Il écoute un long moment cette musique qui lui rappelle sa jeunesse et sa belle voix. Alexandre est doué, c'est certain ; cette constatation lui fait un bien infini.

La nuit tombe, comme à regrets, et les ombres montent déjà du sol. Joseph vérifie qu'il a encore un bidon d'essence dans son Trafic et se rend au Chastang. La lune découpe la silhouette sombre du bateau sur la clarté du lac. Le *Liberté* penche sur la droite. Joseph pense qu'une nouvelle fuite a accumulé l'eau à cet endroit et déséquilibre le bâtiment. Il monte à bord et découvre que l'eau arrive à la hauteur de la ligne de flottaison.

— C'est une véritable passoire ! grogne-t-il.

Il sait ce qu'il doit faire. Plus rien ne l'arrêtera. Là, devant l'échec de sa vie, il a toutes les audaces, comme Paul quand il s'est jeté dans le Gour Noir. Il transporte les caisses du grenier sur le bateau, puis va chercher le bidon d'essence, répand du liquide sur le pont et descend, l'esprit vide. Avec une perche, il approche une flamme. Dans un grondement sourd le *Liberté* s'embrase, éclairant la nuit d'une lueur qui monte jusqu'aux nuages. Joseph s'assoit sur l'herbe qui sent bon la menthe et les feuilles mouillées. Un tremblement parcourt ses membres et son corps. Il sort le pistolet et dirige le canon vers sa tempe. Le moment est venu de rejoindre ses ancêtres réveillés cet après-midi et dont il brûle les images pour n'en rien laisser, pour ne pas en faire des fantômes sans domicile fixe. Il va les retrouver et ils danseront une ronde joyeuse sous les étoiles autour de la lune. « Mon salaud » sera là et Joseph ne lui en voudra plus. A Beaulieu, il ne restera des Lespaud qu'un nom gravé sur un caveau.

Une voiture s'arrête à côté du Trafic. Henri court à travers la prairie.

— Mais qu'est-ce que tu fais ? Donne-moi ça !

Il s'empare du pistolet avec une détermination qu'on ne lui connaissait pas et le lance dans le lac puis compose un numéro sur son portable.

Les flammes montent très haut au-dessus du lac. Des morceaux de bois tombent dans l'eau avec un bruit de grésil. Les pompiers stoppent leur camion près de l'embarcadère et branchent aussitôt la lance à incendie. Le jet soulève des nuages d'étincelles. Hébété, toujours assis sur l'herbe, étranger à la précipitation, Joseph regarde son œuvre se consumer. Des gens, malgré l'heure tardive, se sont rassemblés et tentent de prêter main-forte. Le feu a envahi toute la coque. Les flammes résistent à l'eau avec un bruit de friture.

— Ce con, crie un pompier, il n'a même pas pensé à utiliser du bois ignifugé !

Tout à coup, le *Liberté* s'effondre sur lui-même dans une explosion d'étincelles. L'eau et le feu se sont alliés pour faire disparaître le rêve fou d'un vieil illuminé qui aimait la mer. Joseph a très mal à la tête. Il veut se lever, titube et s'écroule.

— Qu'est-ce qui lui arrive ? demande un pompier.

— Emmenez-le vite aux urgences ! Ça semble sérieux !

Deux hommes le portent dans le fourgon, qui part à toute allure sous le regard des curieux.

Joseph ouvre petit à petit les yeux. Le plafond blanc le surprend. Il ne reconnaît pas les lieux, il n'est pas dans sa chambre, ni sur son lit. Ses draps à lui sont plus souples et moins propres. Une étrange odeur de médicament flotte dans l'air. « Qu'est-ce que je fous ici ? » Il veut se lever et constate qu'il est presque nu. Ses habits sont posés sur une chaise à côté de lui. « Je suis à l'hôpital ! » Il veut enfiler son pantalon, sa chemise et ses chaussures. Par la porte ouverte, il voit dans le couloir des femmes en blouse blanche pousser des chariots chargés de fioles et de boîtes. Il repense à l'incendie de son bateau, les pompiers, leur lance à eau, les nuages d'étincelles au-dessus du lac.

Une infirmière entre dans la chambre.

— Vous pouvez me dire ce que je fais ici ? demande-t-il.

— Vous êtes à l'hôpital, monsieur Lespaud, lui répond-elle. Vous avez eu une nouvelle attaque !

— Comment j'ai atterri ici ?

— Les pompiers vous ont amené, souvenez-vous, l'incendie de votre bateau. Vous êtes très malade. Vous devez subir des examens plus approfondis.

— Pas question, je m'en vais.

Il essaie de se mettre sur ses jambes, mais le sol se dérobe sous ses pieds. Il s'appuie contre le mur, cherche à reprendre sa respiration. Son cœur bat à éclater dans sa poitrine.

— Vous voyez bien que ne pouvez pas partir !

L'infirmière l'aide à se recoucher. Joseph voudrait protester, mais il n'en a pas la force. Sa conscience s'est décalée de la réalité. Il est au milieu de ses ancêtres en train de danser sous les étoiles autour de la lune.

— Mais qu'est-ce qui m'arrive ?

— Vous en faites pas, on va vous soigner et tout ira bien.

Joseph n'a pas envie de se soigner. Ce que l'infirmière ne comprend pas, c'est qu'il est déjà mort, qu'il a quitté son corps. Celui qu'on a présenté comme un héros n'est qu'un minable incapable de construire un bateau. Et Margot en tirera la conclusion que Joseph n'est qu'un homme ordinaire, comme Aurélien, qu'elle a épousé par dépit. C'est bien ainsi ! Son seul regret c'est qu'Alexandre va le mépriser.

— Vous allez rester bien sagement dans votre lit, insiste l'infirmière en se dirigeant vers la porte, je reviens vous voir dans un instant.

Une fois seul, Joseph ferme les yeux pour échapper à la réalité et se réfugie dans les seules années qui ont compté pour lui, quand avec Margot, ignorant l'horrible réalité, ils allaient main dans la main, confiants dans l'avenir. Qu'est devenue sa belle voix ? Ce merveilleux cadeau de la Providence s'est perdu dans la fumée du tabac, les vapeurs de l'alcool destinées à cacher le mur infranchissable d'une ignominieuse réalité.

Les heures s'écoulent. L'infirmière l'a sûrement oublié puisqu'elle ne revient pas. On lui apporte le plateau avec le repas du soir. Joseph n'a pas mesuré la durée du temps. Peut-être a-t-il dormi, mais sa montre lui indique qu'il est dix-neuf heures, donc qu'il a passé une journée entière dans cette chambre. Il demande quand il va pouvoir sortir.

— Je n'en sais rien, répond la femme de service. Je vais vous envoyer une infirmière.

Une jeune femme aux cheveux très courts entre et lui adresse un beau sourire qui lui met un peu de baume au cœur.

— Je suis le docteur Barget, je vais m'occuper de vous. Mais vous ne pourrez pas sortir avant demain, le docteur Gendrau doit vous faire des examens.

Joseph ne répond pas. Une fois seul, il se lève et constate qu'il a retrouvé ses forces et qu'il peut marcher aussi bien qu'avant.

Un peu plus tard, la femme de service récupère les plateaux. Joseph a mangé de bon appétit la soupe, le jambon blanc et les pâtes au beurre, preuve qu'il va mieux.

Le silence retombe sur l'hôpital seulement dérangé par le bruit de pas dans le couloir. La nuit tombe, Joseph regarde, assis sur son lit, le ciel s'assombrir et les étoiles s'allumer. Il s'allonge et tente de s'endormir. Mais trop de choses se bousculent dans sa tête. Les heures défilent, lentes maintenant qu'il sait ce qu'il va faire. Il finit quand même par s'assoupir et se réveille dispos au lever du jour. Dans le ciel ocre, les étoiles s'éteignent. Les premiers rayons du soleil levant éclairent la cime des immeubles. Une belle journée débute encore.

Pas un bruit dans l'hôpital endormi. Les gardiens de nuit doivent somnoler à leur tour. Joseph s'habille à la hâte. Ses chaussures sous le bras, il entrouvre la porte. Personne. Il quitte sa chambre, prend le temps de refermer la porte et marche aussi rapidement que possible jusqu'au bout du couloir, descend l'escalier. Personne au bureau d'accueil. Il sort. Le souffle frais du matin lui fait un bien immense. Les oiseaux s'égosillent dans les tilleuls du parking. Joseph est heureux de retrouver sa liberté. « C'est pas à un vieux marin qu'on va apprendre à se faire la malle ! » Il enfile ses chaussures et s'éloigne en suivant l'ombre du mur. Le voilà dans la ville. Les rues sont désertes. Il marche d'un pas léger, comme si son bref séjour à l'hôpital l'avait requinqué.

Le soleil monte, il fait déjà chaud. Joseph quitte la ville et se dirige vers la route de Beaulieu. A un bosquet, il s'assoit sur la mousse. L'incendie du bateau occupe toujours son esprit, des flammes vives et pointues se plantent dans sa chair. Il ne peut pas retrouver ses habitudes chez Maria maintenant que les autres ne sont plus là. Certes, il reste Henri, l'attachant Henri, mais c'est un enfant attardé, un bon serviteur, rien de plus. Loin d'Alexandre, sans Georges, sans Pompon qui ne peut pas revenir dans un parc où sa prairie a été dévastée, Joseph se sent terriblement seul, perdu. « Paul ne voulait pas aller dans une maison de retraite parce qu'il n'acceptait pas que ses enfants paient pour lui. Moi, j'ai pas d'enfant, j'ai un peu d'argent et une bonne retraite, cela devrait suffire jusqu'à ce que mon cœur lâche. » Il a essayé de mourir deux fois, la première, le gamin l'a empêché, la seconde, Henri a jeté le pistolet dans le lac ! « Ce n'était pas mon heure ! Donc, je sais ce qu'il me reste à faire ! » Il pense au sorcier des hommes à la peau de cuivre qui lui avait prédit une vieillesse heureuse : « Celui-là, si je le tenais ! »

Sa décision prise, il retourne en ville pour téléphoner à Henri. Joseph n'a jamais voulu de portable par simple esprit de contradiction. « Un portable pour communiquer avec le reste du monde alors qu'on est incapable d'échanger deux mots avec ses voisins ! » Il se rend compte pourtant à cet instant combien cela peut être pratique quand on est loin de tout et qu'on ne sait pas comment rentrer chez soi.

Dans un bistrot, il demande à téléphoner. Henri, trop content d'avoir de ses nouvelles, lui promet de le rejoindre dès que possible. Joseph l'attend sur le trottoir en regardant les passants, les jeunes surtout. Ils courent à leurs occupations quotidiennes, leur travail, en pensant à l'avenir. Joseph n'a pas eu cette opportunité. Il a viré directement dans la marginalité. Apprendre qu'il n'épouserait jamais Margot l'a poussé à la fuite sur toutes les mers du monde. Et il a trouvé là un amour particulier, celui du grand large qui n'est plus de son âge.

La Fiesta d'Henri s'arrête en double file. Joseph monte dans le véhicule qui s'éloigne au milieu d'une circulation assez dense à cette heure.

— Ramène-moi au bateau. Ma camionnette y est restée.

— Tu crois que… Qu'est-ce qu'on t'a dit, à l'hôpital ?

— Tout va bien. C'était un petit malaise dû à l'émotion.

Henri conduit son ami au lac du Chastang. Joseph traverse le pré en pente, s'approche prudemment de la berge et découvre les restes du drame, les traces de pneus des pompiers, les morceaux de bois calcinés qui flottent sur l'eau calme. De la coque, il ne reste rien. Tout est englouti par l'eau, profonde à cet endroit. Henri se tient à l'arrière et respecte le recueillement de Joseph.

— Bon, c'est comme ça ! admet le marin au bout d'un long moment de silence.

Sans rien ajouter, il fait demi-tour, monte dans sa camionnette et s'en va. Henri le suit à distance. Joseph regagne sa maison encore épargnée par les démolisseurs. Dans sa chambre, il rassemble quelques affaires, puis sort, son sac à la main. Il n'a pas emporté grand-chose, mais pour ce qui lui reste à faire c'est suffisant. Une fois dans la cour, il parcourt du regard une dernière fois l'endroit où il a grandi puis s'éloigne sans répondre au bonjour des ouvriers, monte dans sa camionnette. Il ne prend pas la rue habituelle pour se rendre au centre-ville, mais une petite route transversale qui longe le parc.

De là où il va, on ne ressort que couché.

En retrait du hameau dit La Borie, le parc du Val-Fleuri longe un ruisseau qui coule entre de grands aulnes. Au centre se tient un bâtiment moderne entouré d'un vaste espace planté de tilleuls. Des bancs disposés à l'ombre permettent aux résidents de se reposer pendant leur promenade. Joseph entre par le grand portail toujours ouvert en journée et monte une légère pente en direction du parking caché par des massifs de buis et de charmes. Une très vieille femme bossue s'appuyant sur deux cannes tourne vers lui une tête aux yeux profonds, au menton saillant. Gêné, Joseph évite son regard. Il descend du véhicule, son sac à la main. La vieille femme lui sourit de sa bouche sans lèvres montrant un dentier mal ajusté aux dents trop blanches. La tentation de remonter dans son Trafic et de s'éloigner de ce lieu sordide traverse son esprit.

— Je monte cette côte tous les jours, dit la vieille. Je m'entraîne pour aller au paradis, où Dieu m'attend.

— Ah bon ! Vous le saluerez pour moi !
— Mais, mon bon monsieur, il vous attend aussi !

Joseph claque la portière, range son trousseau de clefs dans sa poche en se disant que la première hésitation lui sera fatale : s'il fait demi-tour, où ira-t-il ? Dans le hall, une odeur particulière l'arrête, cette même odeur indéfinissable de moisi, de rance, dont il garde le souvenir. Des vieux marchent péniblement en s'aidant de leurs cannes, d'autres poussent un déambulateur. Joseph se demande s'il n'est pas en train de faire la plus grosse bêtise de sa vie.

Une jeune femme brune, aux lèvres d'un rouge éclatant, très élégante, vient à sa rencontre. Ses talons aiguilles claquent sur le carrelage et ce bruit sec, incongru, dérange dans ce lieu où tout est feutré, lent, gris.

— Vous cherchez quelque chose ?

— Je suis Joseph Lespaud, je crois que mon neveu, Antoine Fréchon, a retenu une chambre pour moi.

— Suivez-moi dans mon bureau. Je suis Mme Blandine Marcelin, la directrice du Val-Fleuri.

Mme Marcelin s'assoit derrière son bureau massif envahi de papiers. Elle ouvre un dossier et le feuillette.

— Oui, votre neveu a fait la demande pour vous. Je crois que vous êtes exproprié de votre maison. Vous avez été indemnisé pour cela. Je parcours votre dossier : vous n'avez pas de famille proche, à part une sœur et ce neveu habitant Beaulieu. Vous avez une retraite de la marine nationale, ça devrait aller.

— Qu'est-ce qui devrait aller ?

— La pension est de trois mille euros par mois, ce qui est peu par rapport aux autres maisons.

Qu'est-ce qui retient Joseph de claquer la porte et de s'en aller ? Les premiers propos de la directrice sur sa capacité à payer sa pension l'horripilent. Il songe à Albert, qu'il n'a pas encore vu mais qui doit être dans les parages.

Un cri strident surprend le nouveau pensionnaire. La directrice sourit.

— C'est Mme Jacquin. Elle n'a plus toute sa tête. On s'y fait ! Je vous donne le règlement de l'établissement, je vous conseille de le lire.

Joseph pense aux hommes à la peau de cuivre, à leur générosité de début de l'humanité dans leur jardin d'Eden.

Tout en parlant, elle parcourt des yeux la silhouette de Joseph, qui se sent de plus en plus mal à l'aise. Il se remémore sa visite d'incorporation dans la marine nationale, nu devant une flopée de médecins et d'officiers.

— Vous êtes encore valide, comme quelques résidents, mais ce n'est pas la majorité. Une partie du bâtiment est médicalisée, pour les gens dépendants. Suivez-moi, je vais vous montrer votre chambre.

Elle marche devant lui d'un pas rapide et sonore. Des résidents assis dans la grande salle la saluent en soulevant leur casquette. Les réflexes de politesse sont encore ancrés dans leurs esprits qui déraillent pourtant. Ils acceptent leur condition inférieure avec la résignation de ceux à qui on a appris que l'obéissance est une vertu.

— Vous devriez couper votre barbe. Ce n'est pas propre, fait-elle en ouvrant une porte. Voilà votre chambre. Les repas sont servis à midi et à dix-neuf heures, le petit déjeuner à huit heures. Vous pourrez profiter des animations quotidiennes. Vous pouvez aussi installer chez vous une télévision et Internet. Tout est prévu pour cela.

Joseph grogne un merci.

Elle sort, ferme la porte. Le vieil homme se retrouve seul dans cette chambre libérée voilà seulement quelques jours par un résident parti au cimetière. Ici, c'est la seule manière de faire de la place pour les nouveaux venus. Le cri de Mme Jacquin résonne de nouveau et lui arrache une grimace. Par la fenêtre, il aperçoit un grand frêne que le vent fait bouger lentement. Des voitures passent dans la rue, derrière la clôture. La vie est là, la vie des gens normaux, ceux qui n'ont pas dépassé l'âge limite. Lui se trouve du côté des exclus, du côté de ceux qui vont bientôt mourir et qu'il faut bien garder en attendant.

On frappe. Il se dresse en se demandant ce que cette emmerdeuse de directrice va encore lui dire,

Joseph a compris qu'elle n'est pas commode et qu'elle n'a pas plus de cœur qu'un parpaing. De sa fréquentation des ports un peu partout dans le monde, le marin a appris à jauger ceux qui se trouvent en face de lui. Cela lui a souvent été salutaire pendant les nuits de beuverie.

Entre un homme de grande taille, très maigre qui lui tend les bras. Son visage osseux sourit.

— Albert, mon ami !

— J'ai appris, pour le bateau. Le journal en a parlé, dit Albert en s'asseyant sur la chaise à côté du lit.

— C'est pas grave. Il n'aurait pas supporté la haute mer. Et puis les travaux ont commencé à la Messonière. Ils vont tout raser. Je préfère être ici et ne pas voir la maison de ma famille s'en aller en camions de gravats. Pour moi, tout est fini.

— Faut pas parler comme ça, Joseph. Tu vas voir, ici, on est très bien. On fait des activités, on apprend des tas de choses, et puis il y a les copains, viens.

Joseph emboîte le pas à Albert. Ils descendent un escalier et arrivent au réfectoire. Les tables sont déjà occupées par des vieillards dont les repas restent la seule distraction de la journée. Les plus vifs bavardent, d'autres baissent la tête sur leur assiette, les mains posées sur la toile cirée, absents. Joseph remarque les verres remplis d'eau, comme à l'école de son enfance.

— Souvent le temps est long ici, admet Albert, alors on n'arrive jamais en retard à la soupe ! Manger, ça occupe !

— Ouais ! fait Joseph.

— Je vous présente mon ami Joseph Lespaud, annonce Albert en s'adressant aux autres. Vous connaissez sûrement son nom et les meubles Lespaud. C'était son père. Lui a fait carrière dans la marine nationale.

Certains ont lu la presse ou entendu parler du bateau construit par Joseph. Ils tendent la main à ce nouveau venu à la dégaine inhabituelle. Joseph s'assoit à côté d'Albert.

— Je fais les présentations, poursuit Albert. Voici Laurent Lepoil, un ancien de la manufacture d'armes de Bordeaux, Marc Barron, puis Jules Savinac, paysan comme moi. Son fils a repris la propriété sur la route d'Objat. Il produit des noix et des veaux de lait.

Jules est handicapé. Deux cannes sont posées à côté de sa chaise. Une épaule plus haute que l'autre dénonce un corps déformé par l'arthrose.

On apporte l'entrée, des carottes râpées avec des œufs durs et du céleri. Joseph répond vaguement aux questions qu'on lui pose sur son bateau et sur son ancien métier de marin. Albert l'incite à manger.

— Ici, tu n'as rien d'autre à faire qu'à digérer, alors n'hésite pas à te goinfrer.

Les vieux mastiquent leur nourriture en silence. Sombre, Joseph se sent très mal à l'aise. Qu'attend-il pour fuir ce lieu sordide ? Les autres lui renvoient le spectacle de sa propre déchéance. Ils se retrouvent dans cet établissement parce qu'ils souffrent tous de la même maladie, celle qui avachit les corps, amoindrit les forces. La lèpre de la vieillesse paraît ordinaire dans la vie de tous les jours, ici on ne voit qu'elle.

A la fin du repas, Albert annonce qu'il va faire sa sieste. Joseph se retire dans sa chambre en se disant qu'il s'est lui-même enfermé dans la pire des prisons, celle où la condamnation est écrite sur les visages. Il cherche un livre dans son sac et tente de lire quelques pages pour s'évader, pour retrouver l'été qui reste confiné derrière la vitre et si loin de cette pièce climatisée. Il pense à son potager que les bulldozers vont ravager, il pense à Pompon, et à Georges parti pour toujours.

Vers quatorze heures trente, Albert vient le chercher.

— On va aller à la gymnastique rythmique. Ça passe le temps et c'est pas mal !

Joseph s'étonne de l'enthousiasme de son ami pour des activités d'école maternelle. Lui, le paysan qui n'a jamais dépendu de personne, se plie maintenant à la discipline et trouve du plaisir à des passe-temps futiles. Ce retour en enfance n'est-il pas le premier pas vers la sénilité ?

Dans la salle où Albert le conduit, des hommes se tiennent en retrait, comme gênés de participer à un jeu qui n'est plus de leur âge ; des femmes, très à l'aise, papotent. Leurs vêtements moulants montrent les formes disgracieuses de leur corps, ventres rebondis, poitrines tombantes, peaux flasques et craquelées de leurs cous.

Chantal, la jeune animatrice, salue le nouveau venu. Portant un justaucorps noir, des chaussures de ballerine, elle ressemble à une danseuse professionnelle. Ses cheveux attachés en un petit chignon dégagent son visage rond.

Elle demande aux participants de se mettre en file indienne et, à son signal, de faire un pas en avant, puis deux en arrière. Joseph sort du rang.

— Eh bien, monsieur Lespaud, demande Chantal, vous ne voulez pas continuer ?

— Non, ce genre d'acrobatie n'est pas pour le vieux marin que je suis.

Sans rien ajouter, il retourne dans sa chambre et cherche un autre livre dans son sac. Il en a emporté quelques-uns, pris au hasard sur une étagère.

Le soir, Albert vient le chercher.

— On va prendre l'apéro chez Laurent. Moi, je ne bois plus, mais les autres achètent des bouteilles pendant les sorties. Et puis les employés sont sympas, ils nous en apportent.

Joseph a l'impression d'être dans un pensionnat pour orphelins. D'ailleurs, n'est-ce pas ce qu'il est ? Un vieil orphelin seul au monde ! Mais Joseph accompagne Albert et tous deux rejoignent la chambre de Laurent où quelques vieux sont déjà installés autour d'une petite table.

— Tu peux sortir faire des courses si le cœur t'en dit ! affirme Albert. Mais le premier commerce est loin. Alors, à pied, c'est compliqué.

Ils trinquent puis, une fois leur apéritif terminé, ils se dirigent vers le réfectoire. Leurs haleines sentent l'alcool, mais les gens de service ne font pas attention. Le soir, ils sont tranquilles : Mme Marcelin est rentrée chez elle, laissant la direction de la maison à M. Brissac, un grand gaillard à la mine réjouie et peu regardant sur le règlement.

Après le dîner, comme il fait encore doux, Albert propose à Joseph une petite balade. Ils font le tour du bâtiment, s'éloignent dans le parc qui sent bon l'herbe coupée. Les odeurs de l'été rappellent à Joseph les longues promenades qu'ils faisaient, Margot et lui, sur les berges de la Vézère. Des heures durant, ils se donnaient la main et s'étreignaient sans jamais dépasser les limites imposées par leur éducation. Ce soir, il est seul. Aucune main ne viendra se blottir dans la sienne. Il frémit, il a froid. Il est un pensionnaire comme les autres, qui vaut trois mille euros par mois. En devenant résident du Val-Fleuri, il est entré dans un hiver sans fin.

La fraîcheur les incite à faire demi-tour. Une fois « chez lui », une infirmière apporte à Joseph un comprimé qu'il avale sans rechigner. Ce n'est qu'une fois la femme sortie qu'il se demande s'il a eu raison.

Le lendemain matin, après le petit déjeuner, un homme vêtu d'une blouse blanche fait irruption dans sa chambre.

— Excusez-moi, monsieur Lespaud, d'entrer sans frapper. Ici, les résidents sont généralement sourds, alors on ne fait pas de manières. Je suis le docteur Lemoine et je dois vous examiner et vous faire une prise de sang.

Sans un mot, Joseph se déshabille et tend son bras dénudé. Il se sent mou, malléable, incapable de résister à une volonté extérieure. Est-ce un effet du comprimé de l'infirmière ?

Tout en l'auscultant, le médecin lui pose des questions sur sa vie d'avant, son quotidien de marin sur les bateaux. Joseph répond brièvement, l'esprit ailleurs. Il est venu ici pour se cacher en attendant la mort. Pourquoi se soignerait-il ? Pour allonger son calvaire ?

— On m'a dit que vous aviez fui l'hôpital, ce n'est pas bien. Votre cœur est vraiment mal en point ! annonce le médecin après un long examen. Je dois vous faire hospitaliser de nouveau…

— Je m'y oppose ! Je n'ai plus de maison, plus de projet, donc je ne vois pas pourquoi je chercherais à prolonger des jours vides !

Le médecin s'étonne d'une telle réponse. Ici, les vieux s'accrochent à la vie et sont prêts à tout pour gagner quelques jours ! C'est un tout jeune homme aux beaux cheveux noirs maintenus en place par un gel brillant. Que peut-il comprendre du désespoir de Joseph ? Sa vie ne fait que commencer, pleine de promesses.

— Vous ne pouvez pas parler comme ça, répond-il. La vie seule est déjà un grand bonheur. Pensez au plaisir de respirer le bon air d'un soir d'été, lire un bon livre, manger un plat que vous aimez…

Joseph ne s'attendait pas à cette réponse pleine d'une sagesse qu'il ne prêtait pas à ce gamin à l'allure un peu prétentieuse. Il cherche ses mots, inspire et finit par ajouter :

— J'avais une maison, celle de mes ancêtres. Dans le parc tout autour, des arbres de plusieurs siècles me racontaient une longue histoire. Et puis, il y avait le potager. Le vrai bonheur à mon âge, c'est de voir défiler les saisons sur un lopin de terre, le printemps avec les graines qui germent, l'été avec les fruits qui grossissent sur les branches, l'abondance de l'automne. Avez-vous déjà mangé une noix verte dans sa coque amère ?

— Mais rien ne vous empêche de faire la même chose ici ! Il y a un potager au fond du parc, où les résidents valides cultivent des fleurs, des plantes potagères. Vous êtes libre ! Si vous le souhaitez, je vais en parler à Mme Marcelin. Après votre séjour à l'hôpital, vous serez en pleine forme. Vous pourrez faire une demande pour un petit studio dans le bâtiment-foyer où les gens vivent totalement indépendants. Ils sont comme chez eux, avec l'assistance médicale. C'est très bien pour des personnes seules encore valides.

Le médecin range son matériel dans son sac et quitte la pièce. Joseph sait déjà qu'il ne fera pas de demande pour un studio dans le foyer. Il ne pourra jamais se sentir chez lui ailleurs qu'à la Messonière. En la détruisant, la municipalité de Beaulieu l'a poussé vers le cimetière, le seul endroit où personne ne lui contestera sa place.

Quelques instants plus tard, la directrice entre, toujours sans frapper, fait le tour de la pièce et s'assoit en face de Joseph. Ce geste familier plaît au vieil homme, qui s'apprêtait à être très désagréable.

— J'ai vu le docteur Lemoine. Il a signé une ordonnance pour vous faire hospitaliser. Une ambulance vous emmènera lundi prochain à Brive.

— Je ne veux pas aller à l'hôpital !

— Vous devez vous soigner ! le rabroue la femme en se levant sur ses hauts talons.

Elle sort. Joseph se demande comment elle peut marcher avec ses chaussures à béquilles. Assis sur son lit, il a l'impression d'être sur un quai de gare à attendre un train qui ne vient pas. Il est onze heures trente ; une infirmière entre.

— Monsieur Lespaud, votre médicament, dit-elle en lui tendant des cachets et un verre d'eau.

— Ah bon ? C'est pourquoi ?

— Pour votre cœur. En ne le prenant pas, vous courez de grands risques.

— Pendant vingt-cinq ans dans la marine, j'ai accepté le risque de mourir tous les jours. Alors qu'on me laisse le peu de vie qui me reste comme un dernier bien dont je peux disposer à ma guise ! réplique Joseph. Faire un vieillard parfait ne m'intéresse pas.

Une fois de plus, il s'étonne de ne pas avoir la force de repousser l'employée à blouse blanche vers la porte. Il avale les deux comprimés en se disant que cela ne changera pas grand-chose à sa détermination. Il s'allonge sur son lit, se laisse emporter par ses souvenirs.

C'est la fête à Beaulieu. Le soleil éclate sur les toitures bleues. Sur la place, une estrade a été montée pour le radio-crochet. Là s'affrontent les chanteurs du dimanche, les raconteurs d'histoires. Lui chante à la fin, hors concours parce qu'il gagne tout le temps. Quand il monte sur l'estrade, les applaudissements fusent. Mais lui n'a d'yeux que pour la jeune fille au premier rang dans la foule. Elle lui sourit et lui fait des petits signes de la main. Alors il entonne un air de cette voix merveilleuse que le bon Dieu lui a donnée en cadeau. La foule l'écoute dans un silence recueilli. « Il devrait monter à Paris ! » disait le curé Monteil, ému.

Arrive Albert, rasé de près, vêtu de ses habits qu'il réservait autrefois aux sorties du dimanche. Mais n'est-ce pas tous les jours dimanche au Val-Fleuri ?

— Je viens de croiser la patronne qui sortait de chez toi. Qu'est-ce qu'elle te voulait ?

— Elle m'a dit que j'allais être hospitalisé lundi prochain !

— S'il le faut, tu ne dois pas hésiter ! répond Albert.

— Il n'en est pas question. D'ailleurs, je me suis trompé. Cette maison ne me convient pas. Je ne suis pas fait pour apprendre à danser et à dessiner. La vue de tous ces vieux m'horripile. Je vais partir.

— Et tu vas aller où ?

— Je sais pas encore !

Joseph ne dévoile pas le fond de sa pensée. Il a longuement réfléchi à la question. Comme il ne peut pas s'échapper par la mer, il a imaginé une autre fuite.

— Personne ne t'empêche d'aller faire un tour à Brive, ou de partir deux ou trois jours, ajoute Albert. Allez, viens, on va se promener, ça te remontera le moral !

Brave Albert ! Joseph envie sa simplicité, son aptitude à se contenter de petits riens ! Ils traversent la salle du foyer. Sur les chaises disposées tout autour, des vieillards attendent, repliés sur eux-mêmes. D'autres bavardent. Au fond de la pièce, une télévision fonctionne pour quelques personnes assises en ligne. Sur les tables, d'autres jouent aux cartes ou aux dominos. La futilité de ces occupations hérisse Joseph, qui détourne les yeux.

Une femme voûtée, le menton couvert de poils blancs, se plante devant lui en souriant de toutes ses rides.

— Je vous ai vu dans le journal. Et on a vu aussi votre bateau à la télévision. C'est un homme comme vous que j'aurais dû épouser.

Joseph et Albert sortent dans la chaleur torride. Une odeur de foin flotte dans l'air. Dans la prairie voisine, un tracteur rouge charge de grosses bottes cylindriques sur une remorque.

— Quand je vois ça, dit Albert avec nostalgie, je me demande aussi ce que je fais là. Tu comprends, c'était toute ma vie !

— Oui, je comprends.

Joseph marche d'un pas lourd. Il n'a plus de jambes, le poids de sa poitrine le plie vers l'avant. En traversant le parking, il se plante devant son Trafic.

— C'est tout ce qui me reste !

— Arrête de te plaindre. Les distractions ne manquent pas ici. Regarde autour de toi, toutes ces femmes qui n'ont d'yeux que pour le marin au long cours !

— Ah bon ? Et qu'est-ce que ça peut me faire ? réplique Joseph, malgré tout flatté.

— C'est comme au lycée, reprend Albert en adressant un regard coquin à son ami. Une telle est avec un tel, puis ils se disputent ; M. Chose n'a pas réussi à séduire Mme Machin. Ça alimente les conversations !

— Tu veux dire qu'ils baisent encore ?

— Oui, répond Albert. Ils ne pensent qu'à ça. Mais si les femmes sont avantagées, les hommes manquent souvent de vaillance, alors ils achètent des pilules. M. Rochu, l'ancien marchand de machines agricoles, les fait venir d'Espagne et les revend sous le manteau. Mme Marcelin est au courant et laisse faire. Si tu veux, je peux te présenter M. Rochu...

— Ecoute, Albert, tonne Joseph, tu sais tout de moi, alors si tu me parles encore une fois comme ça, on va se brouiller et pour de bon !

Le dimanche est particulièrement ennuyeux au Val-Fleuri. Beaucoup de résidents partent dans leur famille. Mme Marcelin est absente ; sans le bruit sec de ses talons l'établissement semble désert. Le repas de midi est réchauffé par un employé de la cuisine pressé de repartir chez lui. Le service est réduit. Joseph reste avec les délaissés, les grands vieillards oubliés par leurs proches, qui somnolent une partie de leurs journées, assis dans la salle commune ou dans leur chambre. Des femmes jettent autour d'elles un regard profond et triste. Un petit sourire, une marque d'attention, leur ferait tant de bien ! Elles ont trimé toute leur vie au service des autres pour en arriver là, à attendre seules la mort qu'elles continuent de redouter. Mais elles acceptent leur sort avec la force d'une belle âme cachée dans leurs minuscules corps décharnés.

Henri arrive vers onze heures trente. Il n'a pas osé garer sa voiture sur le parking pour ne pas occuper la place d'un autre. Joseph le voit traverser la cour de son habituel pas hésitant de timide. Il s'arrête à la porte, comme pour attendre l'autorisation d'entrer. Joseph l'accueille, souriant.

— Henri, comme tu me fais plaisir !

— Je voulais venir hier, mais ma voiture était au garage pour la vidange.

Joseph n'est donc pas seul au monde ; quelqu'un à Beaulieu pense à lui et vient le voir dans ce lieu sordide. Cela le met de bonne humeur.

— Et la Messonière ?

Henri incline la tête, visiblement gêné, puis murmure sans oser lever les yeux.

— C'est pas beau à voir.

— Ça y est, ils sont en train de démolir la maison ?

— Oui. Ils ont tapé dans les murs avec les godets de leurs pelleteuses, et tout s'est effondré dans un vacarme de fin du monde.

Joseph soupire. Les Lespaud, implantés à la Messonière depuis le début du dix-neuvième siècle, n'existent plus. Beaulieu-sur-Vézère les a définitivement rejetés.

— Il ne me reste que mon Trafic pour dormir ! constate-t-il tristement.

— Et ici ? Tu n'es pas mal. Je m'ennuie à Beaulieu. Je viendrais bien avec toi et Albert, mais ma retraite n'est pas suffisante pour payer ! Et j'ai pas d'argent de côté. Il faudrait que je vende ma maison.

— Allez, viens, on va aller manger au resto tous les deux ! Je t'invite. Albert est parti pour la journée, ajoute Joseph.

Ils sortent de la cour. En passant devant le Trafic, Joseph propose :

— On va le prendre. Depuis que je suis ici, j'ai l'impression de n'être bon à rien ! Je veux voir si je suis encore capable de conduire.

— Tu sais, moi aussi je suis seul, avoue Henri en poursuivant sa pensée à haute voix. Mais je crois encore au miracle. Ma mère est très vieille, pourtant je pense qu'elle est vivante et qu'elle va me faire un signe. J'ai croisé le regard de ces femmes assises dans la grande salle. Je me suis dit que l'une d'elles était peut-être ma mère. Dieu peut faire un miracle…

Joseph s'installe au volant et d'une main tremblante cherche la place de la clef. Il démarre le moteur, enclenche une vitesse.

— Sans toi, j'aurais pas osé ! dit-il, triomphant. Je sais pas, mais depuis que je suis ici, je ne pense plus, je suis un vieillard.

Ils roulent au hasard dans une campagne figée par un soleil souverain. Ils s'arrêtent dans un restaurant à l'entrée d'un village. Ils commandent à boire. Joseph porte le verre de whisky à ses lèvres, fait une grimace de dégoût.

Ils bavardent de tout et de rien, des gens de Beaulieu, de Maria qui parle de vendre son bistrot pour aller vivre dans sa maison de Brive, d'Albert, de Patrick Massoni qui s'est fait pas mal d'ennemis avec son grand projet d'aménagement du village.

Henri mange de bon appétit, heureux d'avoir un compagnon. Joseph, lui, grignote.

A la fin, Henri insiste pour payer. Joseph le laisse faire. Il a perdu sa gouaille habituelle, sa voix tonitruante, et revient à sa camionnette les bras ballants, la tête basse.

— Finalement, à mon âge, ça ne sert à rien de vivre. Qu'est-ce qu'il me reste ? demande-t-il en s'asseyant au volant.

— Si tu veux venir quelques jours chez moi…

Voilà à quoi Joseph est réduit ! Lui, l'ancien propriétaire de la plus antique maison de Beaulieu, contraint d'accepter l'hospitalité d'un domestique !

— Non, tranche Joseph. Pas pour l'instant.

Il salue Henri, rentre dans sa chambre, ferme la porte, s'allonge sur son lit. Le temps ne passe pas. Il a l'impression d'être au fond d'un gouffre d'où il ne sortira jamais. Pendant les années de construction de son bateau, il s'est laissé porter par un projet qui occupait ses pensées, désormais il ne lui reste que ce lit, cette table, la chaise à côté et la fenêtre ouverte sur le spectacle d'un monde qui ne veut plus de lui.

Au fond du parc coule une petite rivière. En d'autres temps, il serait allé marcher sur la berge pour surprendre les truites et les voir s'enfuir à son approche. Mais la pêche ne l'intéresse plus, comme les plantes : « Ce sont des préoccupations de vivants ! » Une partie de sa personne lui a échappé.

Et puis l'image du jeune Alexandre se profile devant lui. « Je me demande ce qu'il fait chez ses cousins. Il doit leur casser les oreilles avec sa flûte ! » imagine-t-il en souriant. Il retourne à son Trafic et inspecte la partie arrière, où il chargeait les meubles à transporter, et réfléchit. « J'ai mes papiers, j'ai de quoi vivre, alors qu'est-ce que je fous ici ? Toute ma vie, je suis allé d'un port à un autre, alors pourquoi changer ? »

Il rentre « chez lui » et devant sa porte se trouve nez à nez avec son voisin, un certain Jacques Peuch, un ancien vétérinaire qui a beaucoup de mal à se déplacer et se fait apporter ses repas dans sa chambre. On le voit rarement. C'est un petit homme portant d'épaisses lunettes de myope, et dont le surpoids augmente le handicap. Il a une bonne tête ronde, un regard clair et souriant. Joseph le salue, Peuch l'invite à partager un petit moment en sa compagnie.

— Le dimanche est la plus triste journée de la semaine !

— Toutes les journées sont tristes, réplique Joseph, grognon.

— Vous avez raison. J'ai suivi vos exploits dans la presse et à la télévision. Vous êtes donc un ancien officier de la marine nationale !

— En effet, répond Joseph. J'ai fait plein de longs voyages. Mais le résultat est là : une chambre dans une maison pour vieillards.

Jacques Peuch sort une bouteille de cognac en lui adressant un regard complice.

— J'ai besoin de ça pour supporter la solitude, mais je n'exagère jamais.

Joseph porte le verre à ses lèvres et constate que le goût délicat de la liqueur ne lui procure aucun plaisir.

— Nous sommes une valeur sûre, poursuit Peuch. Ceux qui ont de l'argent à placer, les industriels, les sportifs, investissent dans les maisons dites « de retraite ». L'industrie du vieillard est florissante. Vous pouvez passer les 12 % de rendement alors que dans la plupart des secteurs considérés comme rentables vous tournez autour de 4 %. Nous rapportons trois mille euros par mois à cet établissement qui, en contrepartie, dépense le moins possible. Il embauche des filles peu qualifiées à mille deux cents euros pour nous torcher. Alors, elles passent leur mauvaise humeur sur les plus faibles. A la cuisine, le personnel est aussi réduit : chacun sait que les vieillards mangent peu et se contentent de surgelés et de conserves… A quoi bon les nourrir correctement puisqu'ils sont appelés à mourir bientôt. D'ailleurs, leurs maladies ne sont pas sans intérêt pour le médecin, qui voit vingt personnes en une matinée et facture autant de consultations et de déplacements à la sécu. Une aubaine aussi pour l'industrie de l'équipement, déambulateurs, lits médicalisés et autres payés au prix fort.

— C'est une chance d'échapper au grand âge ! bougonne Joseph. Celui qui meurt en pleine forme, chez lui, est bien heureux.

Après avoir remercié son voisin, Joseph retourne dans sa chambre. C'est l'heure où l'infirmière fait la tournée des traitements. Elle donne deux comprimés à Joseph qui saisit le verre d'eau, le porte à ses lèvres. Il avale l'eau, mais garde les cachets dans sa main. L'infirmière n'a rien vu, elle s'en fout et regarde par la fenêtre, les pensées ailleurs.

Elle s'éloigne. Joseph se débarrasse des cachets dans le lavabo. Cette première victoire le remet de bonne humeur. Il va enfin retrouver ses habitudes et sa combativité. « Je vais mieux ! » constate-t-il, comme si l'effet du sevrage était instantané.

Il se rend au réfectoire pour le dîner. Albert n'est pas rentré, aussi se contente-t-il de marmonner quelques mots aux uns et aux autres, puis il rentre chez lui, se couche, pressé d'être au lendemain.

Il se réveille très tôt. Les oiseaux saluent l'été dans le parc. Joseph se lève avec une sensation de faim. De très bonne humeur, il se rend au réfectoire pour le petit déjeuner. Albert le rejoint. Il est rentré tard la veille et lui apprend qu'une pétition circule à Beaulieu contre les travaux entrepris par le maire. On s'aperçoit un peu tard que les pelleteuses ont démoli un site exceptionnel pour faire passer une route et créer des lotissements.

— Ce que les gens redoutent, c'est une augmentation importante des impôts locaux et l'arrivée en masse d'étrangers dans les logements sociaux, précise Albert. Et puis ils disent qu'on n'a pas écouté l'avis des experts…

Voilà que l'opinion se range de son côté, maintenant que sa maison est réduite à un tas de gravats et que le parc saigne en son milieu d'une large blessure. Les beaux chênes centenaires ont été abattus…

Mme Marcelin passe entre les tables et salue les résidents. Les femmes de service s'activent. Hier soir encore, Joseph a entendu l'une d'elles s'en prendre à une vieille dame qui avait sali ses draps.

— Au fait, on n'entend plus Mme Jacquin, remarque Joseph.

— Je crois que le médecin a trouvé un traitement pour elle. On dit qu'elle dort tout le temps ! répond Albert.

Après le petit déjeuner, Albert veut emmener Joseph en promenade. Celui-ci refuse et rentre chez lui. Il a son idée et ne veut pas en parler à son ami.

Vers onze heures, il sort, traverse rapidement le parking. L'air est chargé de la forte odeur des châtaigniers en fleur. Joseph monte dans son Trafic et s'éloigne du Val-Fleuri avec l'impression d'échapper à un carcan. La veille, avec Henri, il a remarqué une ancienne cabine téléphonique au bord de la route. Il s'y arrête, entre dans la petite cage en verre, décroche le combiné. Joseph cherche dans sa poche une feuille de papier pliée en quatre. Un numéro de téléphone y est écrit en gros chiffres.

Retenant sa respiration, il glisse une pièce d'un euro dans la fente et compose le numéro. Le cœur battant, il écoute la sonnerie. Une voix fluette lui répond :

— Allô ?

Joseph inspire profondément. La gorge nouée, preuve qu'il est encore vivant !

— Comment tu vas ?

— Joseph ! crie Alexandre. Mon vieux copain ! Comme je suis heureux de t'entendre !

— Comment ça se passe pour toi ?

— Très bien. Mes cousins, Amélie et Alain Lemeau, sont un peu prout-prout, mais je m'y fais. Ils me laissent assez libre. Et toi, dans ta maison de retraite ?

— Bof, c'est pour les vieux.

Un grand rire éclate dans les oreilles de Joseph.

— On m'a laissé mon vélo, poursuit le gamin. Si tu n'étais pas si loin, je viendrais te voir ! Papa m'a dit qu'on avait écrabouillé la Messonière. Ça me plaît pas. Bon, tu vas aller t'acheter un portable, comme ça on pourra se parler !

Le temps de parole est écoulé. Joseph cherche une autre pièce dans ses poches et, n'en trouvant pas, regagne sa voiture. Naves n'est qu'à un peu plus de vingt kilomètres.

Avant de rentrer au Val-Fleuri, il effectue un détour par Beaulieu. Là, il arrête sa camionnette sur la place, bien en vue, puis se rend chez Maria.

— Joseph ? Mais qu'est-ce que tu fais là ? Tu n'es pas au Val-Fleuri ?

— Et alors, c'est pas une prison !

Joseph, accoudé au comptoir, éprouve l'agréable sensation de revivre, d'être de nouveau lui-même. Après avoir savouré ce moment, il revient à son véhicule sous les regards étonnés de quelques habitants. Il prend la direction de la Messonière. Des engins déblaient les gravats. L'absence de la maison transforme le paysage, qu'il ne reconnaît pas. Il quitte tranquillement les lieux avec la certitude qu'il n'y remettra plus jamais les pieds. Deux cents mètres plus loin, il ralentit devant la maison de Margot. Les volets sont ouverts, mais Jérôme n'est pas là. Dommage, Joseph aurait aimé bavarder quelques instants avec lui, comme ça, pour se rapprocher de Margot.

Il poursuit sa route en pensant aux paroles du gamin. Où trouver un téléphone portable ? Et comment s'en servir sans être ridicule ? Dans l'esprit de Joseph ces appareils sont destinés aux jeunes.

De retour au Val-Fleuri, il reprend la lecture de son livre. Des pas secs qu'il reconnaît s'approchent.

— Monsieur Lespaud, dit la directrice, vous êtes parti avec votre véhicule ! Ce n'est pas prudent ! N'oubliez pas que vous êtes malade, vous prenez de gros risques pour vous, mais vous êtes aussi un danger pour les autres !

Il pousse un long soupir. Les aiguilles de la colère picotent ses membres. Pourtant, il se retient.

— Vous devez d'abord vous soigner, probablement vous faire opérer. Ensuite alors, si vous avez retrouvé tous vos moyens, vous pourrez conduire. Comprenez que je dis ça pour votre bien.

D'un geste rapide, Mme Marcelin rafle les clefs posées sur la petite table. Joseph tente de rattraper la directrice qui, déjà, s'éloigne à grandes enjambées.

— Mes clefs de voiture ! hurle-t-il.

— Je vous les rendrai après votre séjour à l'hôpital. Le docteur Lemoine m'a fait part d'une grande probabilité d'attaque imminente parce que votre cerveau n'est pas correctement irrigué. Imaginez que cela vous arrive au volant ?

Joseph a le sentiment d'être dépossédé de son dernier bien, de sa dernière liberté. Il entre dans le bureau derrière Mme Marcelin. Des pensionnaires qui ont assisté à l'esclandre se rassemblent, heureux d'un incident bienvenu dans leur morne quotidien.

— Rendez-moi mes clefs de voiture, demande-t-il en essayant de retrouver son calme.

— Comprenez-moi, tempère la jeune femme, c'est pour vous protéger que je fais ça ! Vous allez être hospitalisé au tout début de la semaine prochaine. Ensuite, on verra si vous pouvez conduire.

— Mes clefs ! insiste Joseph, qui ne veut pas entendre le bon sens de la directrice.

Mme Marcelin comprend qu'il ne cédera pas et mesure sa responsabilité. Depuis le premier jour, elle a deviné que Joseph ne se ferait pas à la maison de retraite, que malgré son mauvais état général il restait un combattant, un rebelle. Elle va avertir Antoine Fréchon, qui saura peut-être mieux qu'elle le ramener à la raison.

— Bon, les voilà, vos clefs ! Mais vous allez me jurer de ne pas conduire votre camionnette avant qu'on vous ait soigné !

Il s'empare des clefs et sort sans un mot devant un groupe de vieux déçus qui espéraient une belle engueulade. Sa décision est prise. Il regagne sa chambre, où il a tôt fait de rassembler ses affaires dans son unique sac. Albert survient au même moment.

— Qu'est-ce que tu fais, Joseph ? Tu ne vas pas t'en aller ?

— Si, et tout de suite. Je ne veux pas rester dans cette prison.

— Essaie de comprendre : Mme Marcelin a peur que tu aies un accident !

— C'est mon affaire ! rétorque Joseph en passant devant son ami.

Son sac à la main, il traverse le parking, soulagé de quitter un lieu où il étouffait. Il ouvre les portières arrière de son véhicule, pose son bagage. « Pour dormir, j'ai assez de place. Ensuite, j'achèterai une maison très loin d'ici, peut-être au Portugal. »

Il roule sous un soleil de plomb, traverse Brive en direction de Tulle par la vallée encaissée de la Corrèze. Il dépasse Vimbelle, quelques maisons rassemblées au confluent de trois ruisseaux où il était venu déjeuner plusieurs fois avec Margot dans un petit bistrot au bord de la route, à l'enseigne « Chez la Jeanne ». Ensuite, ils allaient chercher les girolles dans les pentes couvertes de charmes et de châtaigniers.

Il prend la petite route ombragée qui serpente au flanc d'une colline sauvage. Des ruines rappellent que l'endroit était habité, autrefois. Au sommet d'une interminable côte en lacets, il arrive sur le plateau de Naves. En bordure du parking d'un restaurant, il voit une cabine téléphonique. Alexandre est quelque part dans ce village aux maisons neuves, bien ordonnées selon un plan d'urbanisme conçu autour de l'antique cité. C'est ce que veut faire le maire à Beaulieu et la raison pour laquelle il a sacrifié la Messonière.

Joseph entre dans la cabine avec une certaine appréhension. Il a gardé des pièces d'un euro dans le seul but d'appeler le gamin, d'entendre sa voix flûtée de garnement. Il décroche le combiné ; une femme lui fait signe.

— Elle ne marche plus depuis longtemps !

Joseph, désemparé, semble incapable de se décider.

— Vous savez, avec les portables, ça ne devait plus être rentable, poursuit la femme.

— J'ai oublié le mien, ment Joseph. C'est pour ça que…

— Si ça peut vous rendre service !

Elle ouvre son sac et lui tend son appareil. Joseph s'en saisit, l'examine et demande, embarrassé :

— Comment vous faites ?

Elle propose de l'aider. Joseph déplie le papier, mais il est gêné, comme s'il faisait quelque chose d'interdit. Elle compose le numéro puis s'éloigne discrètement de quelques pas. La voix du gamin, à peine déformée, perce l'oreille de Joseph qui murmure un « Allô » retenu.

— Joseph ! Tu es où ? s'écrie l'enfant.

— A Naves. Au bistrot sur la route de Tulle.

— J'habite un patelin à côté. Tu vas prendre la route de Tintignac. A un endroit, tu verras un étang. Je vais te rejoindre avec mon vélo !

Pressé de se rendre au lieu du rendez-vous, Joseph remercie la femme et suit la direction de Seilhac. Il trouve facilement la route indiquée par Alexandre. Des ruines gallo-romaines sont signalées sur la droite, mais il ne voit pas le petit étang et poursuit jusqu'aux premières maisons. Il fait demi-tour à côté d'une ferme où des chiens aboient et repart en sens inverse. Alors, venant d'une route à gauche, un jeune cycliste déboule à toute vitesse. Il reconnaît la camionnette et lève les bras, il fait une embardée et se casse la figure dans le fossé. Joseph pile.

— C'est rien ! fait Alexandre en se relevant. Je me suis un peu égratigné la main, mais ça passera.

— Idiot, le rabroue Joseph, tu as failli me rentrer dedans, on n'a pas idée de rouler aussi vite dans ces chemins !

Le gamin abandonne son vélo dans le fossé et se presse contre Joseph, dans un élan spontané qui touche beaucoup le vieil homme.

— Mon Joseph, comme je suis heureux de te revoir !

— Moi aussi ! Ça se passe bien pour toi ?

— Mes cousins sont sympas ! Alain Lemeau est prof de philo, autant te dire qu'il plane tout le temps ; Amélie, sa femme, reste à la maison, à cause d'une grave maladie que je ne connais pas. Ils n'ont pas d'enfants, alors je suis le roi.

— Et ils te laissent te promener seul ?

— Ils sont cool. J'y suis très bien, mais je m'ennuie un peu. Papa me téléphone tous les jours, mais c'est pas pareil. Je voudrais revenir à Beaulieu. Laisse ta camionnette là, on va aller marcher au bord de l'étang.

Joseph gare son Trafic dans un renfoncement de la chaussée et rejoint Alexandre. Ils se promènent dans un chemin de terre. Les grillons crissent, le soleil tape fort. Joseph, les jambes lourdes, a du mal à avancer. Probablement à cause des cochonneries qu'on lui a fait ingurgiter à la maison de retraite !

— Et toi, tu es bien au Val-Fleuri ? demande le gamin.

— Non, je n'y suis plus, répond le vieil homme, ça ne me convenait pas.

— Et tu vas aller où, maintenant qu'ils ont rasé la Messonière ?

— Je pense acheter une maison au Portugal.

Alexandre se tourne vivement.

— Pourquoi tu ferais ça ? s'emporte-t-il. Pourquoi tu irais aussi loin, hein ? Il y a de belles maisons ici, pourquoi tu n'en achèterais pas une ?

Tout à coup, Joseph a l'impression que la surface de l'étang qu'il aperçoit entre les saules se gondole, que le chemin se dresse à la verticale devant lui. Il titube.

— Joseph, qu'est-ce que tu as ?

Il tend les mains devant lui comme pour se retenir, et tombe sur le chemin, la face tournée vers le soleil. Une bave blanche coule au coin de ses lèvres.

— Joseph ! hurle le gamin. Joseph, réponds-moi !

Il secoue le vieil homme, qui ne bouge plus. Les lèvres retroussées montrent ses dents jaunies.

— Au secours ! hurle Alexandre en courant vers la route, si vite qu'il en oublie son vélo.

Puis il se ravise, retrouve ses esprits. Il compose un numéro sur son téléphone.

— Vite ! crie-t-il. Joseph est tombé. Il faut appeler les pompiers.

— Mais où tu es ? demande une voix affolée.

— Près de l'étang. Sur le petit chemin. Joseph est en train de mourir !

Il part sur la route, comme pour échapper à la mort qui s'agrippe à Joseph. Une voiture stoppe à sa hauteur. Amélie, une femme aux cheveux gris, assez belle avec ses grands yeux bleus, vêtue d'une longue robe claire très légère, en sort vivement. Elle court dans le chemin derrière Alexandre et découvre

Joseph en plein soleil, inanimé. Elle n'ose pas le toucher et appelle les pompiers. Fou d'inquiétude, Alexandre trépigne d'impatience. Enfin, après dix minutes qui lui semblent une éternité, un camion rouge s'arrête dans le chemin en soulevant un nuage de poussière blanche. Des hommes posent un brancard près de Joseph, qui n'a pas repris connaissance.

— Mon Joseph ! pleurniche Alexandre.

— Viens, on rentre à la maison.

Amélie est au courant de la complicité qui unit Alexandre au vieux marin, mais elle ne pense pas comme les autres. Elle a fait parler l'enfant et a compris qu'une réelle affection l'attache à cet homme bourru, asocial, probablement un peu ivrogne, mais doté d'un grand cœur.

— C'est mon ami, tu comprends, dit-il encore. C'est un grand voyageur et il m'a parlé des hommes à la couleur de cuivre et des crocodiles aussi serrés que les baguettes chez le boulanger !

Amélie ne peut s'empêcher de sourire. Elle n'a pas eu d'enfant, c'est son grand regret et c'est pour cette raison qu'elle comprend ce gamin en manque d'amour. Joseph savait lui apporter ce qui lui fait le plus défaut, des rêves lumineux pour accepter le sordide de sa vie et une affection rugueuse, celle qui ne se dit pas mais s'exprime par des petits gestes, des paroles un peu rudes et d'incessantes rebuffades.

— On ira le voir dès qu'il se sera remis ! promet Amélie en posant un baiser sur le front de l'enfant.

De Tulle, où son cas a été jugé très grave, Joseph a été transféré à l'hôpital de Brive, qui possède un meilleur équipement pour soigner les maladies vasculaires. Après un examen rapide, les urgentistes ont mesuré le mauvais état général du vieil homme. Les artères qui irriguent le cerveau sont bouchées en partie et les coronaires nécessitent un pontage. Si rien n'est fait, un infarctus ou une nouvelle attaque cérébrale risquent de lui être fatals.

L'opération est réalisée en urgence. Joseph, qui n'a pas repris conscience depuis son malaise au bord de l'étang, se réveille dans une lumière aveuglante, avec des tuyaux enfoncés dans sa gorge, entre des machines où clignotent des voyants. Plusieurs personnes sont à son chevet. Il éprouve une curieuse sensation, comme si on avait lacéré son corps. Il voudrait bouger pour échapper à une impression d'écrasement ; ses membres trop engourdis refusent de lui obéir. Il veut parler, mais aucun son ne sort de sa bouche. Un homme en blouse blanche surveille son visage et les battements de ses paupières.

Joseph entend le flux continu de ses paroles, sorte de murmure lointain. Ses pensées vont malgré lui vers la Messonière de sa jeunesse. Il marche au bord de la Vézère avec une jeune fille.

Puis il revoit le chemin poussiéreux de Naves, l'étang derrière les feuillages, et lui revient cette sensation d'être happé dans une spirale de lumière. Le cri d'Alexandre l'a transpercé, mais il n'a pas pu lui parler, la vie était sortie de son corps.

Les heures, les jours défilent, il n'en a pas conscience. Des hommes en blouse blanche débranchent un à un les tuyaux qui le relient à des machines proches de son lit. Joseph peut enfin murmurer des sons, mais il peine à parler distinctement. Il a mal à la poitrine, une douleur profonde, comme s'il avait un pieu planté entre ses poumons. Un visage s'approche du sien. Il le reconnaît pour l'avoir vu plusieurs fois depuis qu'il est étendu sur ce lit surélevé où il ne peut faire aucun mouvement.

— Monsieur Lespaud ! Comment ça va ?

Il essaie de parler, ses lèvres bougent, mais la voix lui manque. Il veut soulever les mains pour montrer qu'il a entendu ; ses muscles refusent de lui obéir.

— Vous en faites pas, c'est normal. Tout va bien. Vous revenez de loin.

Une semaine après l'opération, le malade peut se lever et s'asseoir dans un fauteuil sans l'aide de personne. Les médecins et les infirmiers sont étonnés par l'incroyable vivacité de ce vieillard seul au monde. Amélie et son mari sont autorisés à lui rendre visite avec Alexandre.

En le voyant assis sur son lit, très pâle, l'enfant hésite, puis s'approche doucement.

— Salut, Joseph ! dit-il en lui tendant une main virile. Tu nous as fait peur.

Amélie et Alain sont restés en retrait. Alexandre les présente à Joseph. L'émotion provoque une vive douleur dans la poitrine du malade. Les larmes roulent de ses yeux, et il ne cherche pas à les cacher. Enfin, il prononce d'une voix cassée, très faible :

— Merci d'être venus.

Une infirmière entre et prie les visiteurs de s'en aller : Joseph se fatigue très vite et doit ménager ses forces.

— Dans quelques jours, il sera en pleine forme, dit-elle, mais en attendant il faut le laisser se reposer. Nous sommes tous étonnés qu'il se remette aussi vite.

Le lendemain, une autre visite surprend heureusement Joseph. Henri pousse avec précaution la porte, le grand Albert l'accompagne.

— Comment si je m'attendais à vous voir ici !

— Ah, Joseph, tu nous as fait peur ! dit Albert en serrant la main tendue.

— T'en fais pas, je suis encore costaud ! Il a fallu changer quelques durites qui étaient bouchées. Mais la machine est prête à repartir, répond Joseph en souriant.

— Tu vois qu'ils avaient raison ! Tu étais malade, il fallait te surveiller ! lui glisse Albert.

— C'est pas au Val-Fleuri que je dois d'être vivant, rétorque vivement Joseph. Et toi, je trouve qu'ils ne t'ont pas arrangé. Tu es devenu mou comme une chiffe !

— Mais je suis aussi gravement malade, alors je me surveille, déclare Albert.

Joseph lui envoie un regard lassé où se lit un peu de mépris. Henri reste en retrait, car il redoute l'hôpital et les médecins. Aussi s'abstient-il de boire et de fumer maintenant que ses amis ne fréquentent plus le bistrot de Maria. Il se contente d'une petite vie tranquille dans sa maisonnette, achetant des plats préparés au Super U et passant de longues heures devant sa télévision, sa seule fenêtre sur le monde.

Au moment de partir, il s'approche de Joseph et, les yeux baissés, dit d'une voix retenue :

— Avant qu'ils écrasent la Messonière, le chef de chantier m'a demandé si quelqu'un pouvait récupérer tes affaires.

— Pourquoi ils ne me l'ont pas demandé à moi ?

— Tu étais au Val-Fleuri et ils n'avaient pas le temps. Comme j'étais là, ils m'ont dit d'aller faire un tour pour voir si tu n'avais rien oublié. Bien sûr, j'ai refusé, mais comme ils ont insisté, j'y suis allé. J'ai récupéré des caisses que tu avais laissées au milieu de la grande pièce et je les ai emportées chez moi.

— Tu peux les faire brûler, je ne veux rien garder de la Messonière. La page est tournée.

Devant la porte, Albert s'impatiente.

— Je voulais te dire aussi, j'ai trouvé deux lettres. Tu avais dû les oublier sur la table.

Joseph pense à la lettre de Margot. Il se souvient d'avoir glissé la photo les représentant à onze ans, cacheté l'enveloppe, ajouté l'adresse et collé le timbre. Puis il a écrit au notaire d'Objat pour son testament.

— Qu'est-ce que tu en as fait ?

— Je les ai emmenées à la maison, avec le reste. Et je les ai un peu oubliées, confesse Henri, tout penaud.

— Bon, tu as bien fait !

— Quand j'ai appris que tu étais à l'hôpital, j'y ai repensé et je les ai portées à la poste principale de Beaulieu.

Joseph se dresse vivement sur les coudes, grimace à cause de la douleur qu'il vient de réveiller.

— Tu as fait quoi ?

— Bé, tu… tu avais écrit une feuille à côté : « à poster en priorité », bredouille Henri.

— Mais quel con tu es ! s'emporte Joseph. C'est pas parce que je l'avais écrit qu'il fallait le faire ! Tu m'assassines, voilà la vérité, tu m'assassines !

— Tu ne crois pas que tu exagères un peu ? s'emporte Albert.

— De quoi tu te mêles, toi ?

Albert prend Henri par le bras et le pousse dans le couloir.

— Viens ! Tu n'as rien à te reprocher.

En ce matin du 25 juillet 2012, Margot n'a pas très bien dormi. Hier, Jérôme lui a appris que Joseph a été opéré à la suite d'une syncope alors qu'il était allé voir Alexandre à Naves.

« C'est le gamin qui a donné l'alerte ! a dit Jérôme. Il paraît qu'il lui a sauvé la vie ! »

Pour Margot, c'est un signe. Croyante, elle a pensé que Dieu guidait ainsi ses pas vers le pardon, ce qui la contrarie. Ne plus haïr Joseph la viderait de son énergie, comme un ressort détendu.

Elle va chercher son courrier. Dans le paquet de feuilles de pub, elle trouve une facture EDF, le relevé de sa banque, et une lettre qu'elle garde un long moment dans sa main, observant l'écriture sur l'enveloppe, la comparant à une autre écriture, restée gravée dans sa mémoire. N'est-ce pas encore un signe de la Providence ? Le cœur battant, elle hésite à la jeter à la poubelle sans la lire. L'appréhension embue son regard. Que doit-elle faire ? Sa vie a été conditionnée par l'amour absolu de Joseph. Tout était prêt pour le couronnement d'une enfance complice, d'une jeunesse lumineuse. Mais Joseph a fui.

Les jours qui suivirent son départ, Margot n'avait pas perdu espoir : leur amour était trop fort pour s'arrêter ainsi. Joseph allait lui écrire, lui expliquer son geste et il serait de retour pour leur mariage prévu à l'automne. Ils habiteraient à Bordeaux ou ailleurs, Margot acceptait de vivre au bout du monde, pourvu qu'elle soit avec lui. Mais les jours passaient, vides, sans fin, gris dans un été radieux. Margot sombra dans une profonde déprime. Elle partit à Montpellier pour tenter de se reconstruire, car mourir aurait donné raison à celui qui s'était joué d'elle et qu'elle haïssait dorénavant autant qu'elle l'avait aimé.

Aurélien, un garçon de Brive, lui faisait la cour depuis longtemps. Il la rejoignit à Montpellier et ils se mirent en ménage. Jérôme naquit. Aurélien n'avait aucune méchanceté, pourtant de nombreuses disputes éclatèrent entre eux, jusqu'à ce qu'une crise cardiaque l'emporte, en 1996. Depuis, Margot vit seule avec ses souvenirs. Elle a fait sa carrière à la poste centrale de Montpellier. En retraite depuis dix ans, elle consacre son temps aux Restos du cœur.

Quand Jérôme s'est séparé de Caroline, elle a hésité à garder Alexandre chez elle, et à lui consacrer tout son temps. Puis elle a renoncé, prétextant qu'elle était vieille et qu'il valait mieux que son père s'en occupe ou le confie à une famille pour l'ouvrir à la vie. Elle n'a jamais dit à son fils la véritable raison de ce refus.

Ce matin, elle regarde la lettre qu'elle n'attendait pas et qui la bouleverse. En revoyant Joseph, l'autre semaine, Margot a mesuré l'importance de sa haine qui, paradoxalement, l'a aidée à vivre. Elle n'a pas voulu entendre ses bonnes raisons et ne croit pas un instant à ce fameux secret qui les a séparés : Joseph a toujours triché. Elle s'en veut encore de ne pas avoir donné à Aurélien tout l'amour qu'il méritait, lui qui avait tout accepté, même la pire des hontes. C'est à lui qu'elle pense, ce matin avec la lettre de Joseph dans les mains. Après avoir hésité un long moment, elle la froisse pour la jeter à la poubelle. En écrasant le papier dans ses mains, elle sent la résistance d'un morceau de carton qui l'intrigue.

Elle lisse l'enveloppe, l'ouvre, trouve une ancienne photo. Elle et Joseph à onze ans. Une grimace anime son visage : Alexandre ressemble à Joseph ! Cela ne l'étonne pas. C'est la preuve de sa faute. Alors, elle prend la feuille, hésite encore avant d'en lire la première ligne :

On a raconté beaucoup de choses après mon départ…

Puis, un peu plus loin :

Ne crois pas que je sois revenu pour ma mère. Je n'ai aimé qu'une femme dans ma vie, et j'ai été contraint de la fuir pour cacher la pire des hontes.

Margot ferme les yeux. L'image envahissante de Léa Lespaud s'impose à sa mémoire. Une femme sévère, prompte à condamner. Léa aimait commander et rien n'échappait à sa vigilance. Margot fuyait son autorité, surtout que la vieille femme avait pour Joseph un amour total qui n'acceptait aucun partage.

La feuille tremble entre ses mains. Margot hésite avant de poursuivre sa lecture, consciente que sa vie peut en être chamboulée. Malgré elle, ses yeux se posent sur l'écriture fine et régulière.

A mesure qu'elle lit, une vague glacée envahit sa personne au point qu'elle pose le papier sur la table, comme pour reprendre son souffle. Elle lève les yeux au plafond.

— Mon Dieu, c'est monstrueux ! dit-elle à haute voix.

Deux vies gâchées pour ça ! Elle relit un passage en haut de la feuille :

Quand mon père m'a eu parlé, écrit Joseph, *je voulais mourir parce que je n'avais pas d'autre solution. Je suis allé au bord de la Vézère avec l'intention de me jeter dans le Gour Noir. J'ai regardé l'eau sombre tourner et former l'entonnoir que nous venions voir souvent tous les deux et j'ai eu la nette impression qu'une voix m'interdisait de sauter. Pourtant, je ne pouvais pas te parler après ce qui s'était passé entre nous. J'ai préféré disparaître, comme un lâche, pour ne revenir qu'après la mort de celui qui avait causé mon malheur en me donnant la vie. Et j'ai vite compris à mon retour que rien n'avait changé.*

— Mon Dieu, murmure Margot à haute voix en levant les yeux.

Ce qu'elle vient d'apprendre s'ajoute à son secret à elle, le rend horrible, d'une immense monstruosité. Elle pousse un long soupir. Que va-t-elle faire ? Elle se sent vide de force, comme arrivée au bout de son chemin. L'ancienne postière s'adresse à Dieu : la certitude que chaque vie a un sens l'a toujours aidée à surmonter les épreuves, mais n'est-elle pas tombée en enfer ?

— Nous sommes des monstres malgré nous ! murmure-t-elle.

L'estomac à l'envers, le visage couvert de larmes, elle court vomir dans les toilettes puis reste longtemps prostrée sur le canapé. Margot, la généreuse, qui consacre sa retraite aux démunis, n'aura pas la force de survivre à cette révélation. En ne lui parlant pas, Joseph l'a protégée contre elle-même.

— Mon Dieu, murmure-t-elle encore, aidez-moi.

Dehors, l'été poursuit sa fête. Dans la rue, les gens en tenue légère déambulent. Les touristes sont nombreux dans l'ancienne ville. Margot les observe un instant de sa fenêtre. Plus jamais elle n'osera sortir, marcher parmi les inconnus, comme si sa faute, sa perversité étaient écrites sur son front ! Aux Restos du cœur, ses collègues bénévoles la repousseraient comme l'immonde salamandre qu'elle est.

Le téléphone la ramène à un présent devenu insupportable. Elle hésite avant de consulter l'écran. C'est Jérôme. Son appel arrive à point.

— Allô, maman, comment ça va ?

— Ça va ! répond-elle d'une voix qui se veut assurée, mais reste voilée par un trouble que Jérôme feint de ne pas remarquer.

Il informe sa mère qu'Alexandre va séjourner tout l'été chez la cousine Amélie à Naves. Il se dit rassuré parce qu'il ne sera plus livré à lui-même toute la journée. Intrigué par le silence de sa mère, il demande :

— Tu n'es pas malade, au moins ?

Elle le tranquillise, alors il parle de la Messonière démolie et du vide que cela crée dans le paysage. Il ne comprend pas qu'on ait rasé une aussi imposante demeure que quelques travaux auraient rendue magnifique.

— Oui, c'est dommage, murmure Margot, qui pense au contraire que la disparition de cette maison va peut-être la réconcilier avec Beaulieu.

— Joseph se porte bien. J'ai eu des nouvelles par son copain Henri Martel, que tu as peut-être connu.

— Ah bon, s'étonne Margot. Et puis qu'est-ce que ça peut me faire ?

Sa réponse montre pourtant que la nouvelle ne la laisse pas indifférente. D'ailleurs, elle n'a pas sa voix ordinaire. Jérôme la sent oppressée, la gorge nouée.

— Paraît qu'on lui a fait un cœur tout neuf !

— Tant mieux pour lui !

Quand elle a posé son téléphone, Margot réfléchit. Sa mère lui aurait-elle menti ? Est-ce possible de tricher, au moment de franchir l'une des deux portes ouvertes, celle du ciel ou de l'enfer ? Sa mère est morte peu de temps après Aurélien. En moins d'une année, Margot a perdu les deux seules personnes qui connaissaient sa fragilité. Anna était d'une santé robuste. Veuve, elle était venue vivre avec elle et Aurélien dans le petit pavillon qu'ils avaient fait construire en périphérie de Montpellier. Une atteinte cérébrale l'avait plongée dans un coma de plusieurs semaines. Margot allait la voir tous les jours à la sortie de la poste, où elle s'occupait des prêts aux particuliers. Les médecins n'étaient pas optimistes : le coma, très long, laissait craindre un retour à la vie avec de graves séquelles. Comme il n'y avait plus aucun espoir, Margot avait accepté qu'on débranche l'assistance respiratoire.

Et le miracle se produisit. Anna se réveilla. Margot lui prit les mains et la malade tourna vers elle des yeux d'une étonnante présence.

— Il faut que je te parle ! murmura-t-elle. Je pourrai mourir après. Il n'y a pas de prêtre, tu vas recevoir ma confession, mais je ne veux pas partir comme ça, je me sens sale et je ne peux pas frapper à la porte de Dieu sans m'être nettoyé l'âme.

— Maman, protesta Margot, tu ne vas pas mourir puisque tu viens de te réveiller…

— Si, trancha Anna, je me suis réveillée pour libérer mon âme d'une faute que j'ai commise dans ma jeunesse.

Margot se demandait quelle faute sa mère, ouvrière dans une petite entreprise de Beaulieu, avait bien pu commettre. Elle était l'exemple même du dévouement. Elle avait élevé presque seule ses trois enfants, son mari, le père de Margot, travaillant sur des chantiers et restant souvent absent pendant un ou deux mois. Il rentrait alors pour trois ou quatre jours, dépensait son pécule au bistrot et repartait.

— Oui, il faut que je te dise, j'ai commis une faute pendant l'absence de ton père. C'était avant ta naissance. J'étais encore jeune et mon corps plein d'envies ne supportait pas la solitude des nuits d'été. Je crois que j'étais assez jolie femme et les hommes se retournaient sur mon passage.

— Cesse de te torturer l'esprit, fit Margot. Papa était absent et ce que tu as fait n'est pas très grave puisque personne n'en a jamais rien su.

— Dieu le sait. Ça s'est passé chez nous. Il y avait un homme à qui, je le sais, je plaisais beaucoup. Un jour il est venu à la maison. Je ne sais plus pourquoi. Il m'a regardé longuement et nous avons été pris l'un et l'autre d'une frénésie incroyable. Les jours suivants, nous nous sommes revus. Pendant tout un mois. Et quand ton père est revenu, j'ai eu si honte de moi que j'ai juré que ça ne se reproduirait jamais. L'homme aussi avait honte, parce que c'était un bourgeois et moi une ouvrière, et quand on se croisait, il détournait son regard. Il faut que je te dise son nom parce que tu le connais...

Anna bougea les lèvres, faisant visiblement un gros effort, mais elle n'arriva pas à prononcer ce nom qui la hantait. Elle ouvrit la bouche et poussa un dernier soupir, les yeux rivés au plafond, comme déjà éclairés par une lueur céleste.

Aujourd'hui, Margot connaît la réponse. C'est Joseph qui le lui a écrit. Elle joint les mains et s'abîme dans une prière intense. « Mon Dieu, je n'aurais pas dû céder à Joseph, mais souvenez-vous comme il faisait beau à Royan, comme les nuits étaient douces. Et puis, nous allions nous marier. Je n'ai pas eu le sentiment de commettre une faute. Je ne l'ai compris qu'après, quand j'ai découvert que j'étais enceinte et qu'il était parti dans la marine. Le bon Aurélien a endossé la paternité. Vous n'auriez quand même pas permis que Jérôme soit le fils d'un amour incestueux ? »

Alors, le doute se glisse dans ses pensées. Le doute comme une lueur d'espoir, un signe de la Providence. Et si le père de Joseph s'était trompé, s'il lui avait raconté n'importe quoi pour éloigner son fils de Margot, cette fille de petite condition dont on ne voulait pas à la Messonière ? Un souvenir lui revient, plein de force et de lumière. Combien de fois a-t-elle entendu les gens de Beaulieu dire d'elle : « C'est tout le portrait de son père ! »

Cette ressemblance tant de fois remarquée allait des traits du visage, mêmes yeux clairs, même sourire, au grain de beauté sur le côté droit du menton, qui avait tendance à s'effacer chez l'ouvrier sous les passages répétés du rasoir. « La marque de fabrique ! » disait-il fièrement.

Ce détail revient dans toute son évidence à l'esprit de Margot, qui n'y avait pas pensé depuis des années. Elle s'approche de la glace du salon, qui lui renvoie son image à chaque instant de la journée. Elle constate la présence de ce minuscule point noir, si habituel qu'elle ne le voit plus. La marque de fabrique ! Elle lève les yeux au ciel. Dieu qui ne l'a jamais abandonnée vient-il de lui indiquer qu'elle n'est pas la demi-sœur de Joseph ?

Le cœur battant, elle réfléchit. Puis elle se rend dans son bureau, allume son ordinateur. Elle doute encore. Bien sûr, ce point commun n'est pas une preuve suffisante. Les gens portant un grain de beauté à la même place sont nombreux et n'ont pourtant aucun lien de parenté. « Il me faut une preuve irréfutable ! » Au bout d'une heure de recherches sur Internet, elle récupère l'enveloppe que Joseph a léchée pour la coller. Elle consulte sa montre : quatorze heures. Elle n'a pas mangé, mais ce n'est pas le plus important.

— J'ai le temps, murmure-t-elle en jetant quelques effets dans un sac.

Elle sort. La lumière écrasante de l'été l'aveugle. Rien ne bouge. La chaleur accablante accentue le crissement des cigales sur les platanes. Quand Margot s'est fixée à Montpellier après sa première affectation à la poste, elle supportait mal le feu du soleil. Puis elle s'est habituée et a adopté cette ville où elle a désormais sa place, ses amis, ses occupations.

Elle regagne sa voiture garée fort heureusement à l'ombre d'un platane, juste en face d'une petite église. Elle hésite ; l'ombre fraîche l'invite. La porte est ouverte, elle fait quelques pas dans la nef sonore, marche jusqu'à l'autel, se met à genoux.

— Merci, mon Dieu, je ne suis pas digne du grand bonheur que vous me donnez ! dit-elle, les mains jointes.

Elle replonge dans la fournaise, monte en voiture et quitte la ville.

Joseph grogne. On a du mal à imaginer que sa voix rauque et rugueuse était autrefois si harmonieuse. Il est de mauvaise humeur. Ce qui le tracasse, c'est qu'il va mieux, qu'il se sent en pleine forme et devrait sortir bientôt, après un séjour d'un mois dans une maison de rééducation. Où aller, maintenant que la Messonière n'existe plus ? Chez Antoine, son neveu ? Sûrement pas ; il l'aurait étranglé au bout d'une journée !

Une infirmière lui annonce une visite. Il entend d'abord des pas secs sur le carrelage du couloir. La porte s'ouvre, entre une femme très coquette qui lui sourit de ses lèvres rouges et pulpeuses.

— Monsieur Lespaud, comme je suis heureuse de vous voir presque guéri !

Mme Marcelin lui tend la main et s'assoit sans manière sur la seule chaise disponible.

— Vous voyez que j'avais raison de vous empêcher de conduire votre voiture, dit la directrice du Val-Fleuri. Le docteur Lemoine m'avait avertie du grand risque que vous couriez ! Quelques minutes plus tôt et vous aviez un accident !

Joseph sourit. Cette visite lui fait plaisir. Mme Marcelin, dont la coquetterie choque au milieu des vieux, lui montre une face généreuse qu'il n'avait pas soupçonnée.

— Alors, maintenant, qu'est-ce que vous allez faire, en sortant ? lui demande-t-elle.

— Je ne sais pas encore. Je vais probablement acheter une maison au Portugal.

— C'est bien loin ! Vous allez vous ennuyer !

La visite ne dure pas, mais elle a suffi à remettre Joseph de bonne humeur. Arrive ensuite Antoine Fréchon, le chasseur de sangliers. Joseph se dit qu'il n'a probablement pas perdu tout espoir d'hériter, raison pour laquelle il a emmené sa mère, que Joseph n'a pas vue depuis plusieurs années, alors qu'elle habite à moins de cinq kilomètres de la Messonière. Antoine embrasse son oncle, comme il ne le faisait jamais auparavant, puis Mireille lui tend les bras.

— Tu nous as fait peur ! Enfin, il faut que tu sois à l'hôpital pour avoir l'occasion de te voir !

Joseph pourrait être désagréable, mais il n'en a pas envie. Depuis que son cœur fonctionne bien, qu'il est ressuscité, il a perdu la force de l'adversité.

— Qu'est-ce que tu vas faire, maintenant ? demande Antoine. Mme Marcelin t'a gardé ta chambre.

— Je sais pas, je vais probablement acheter une maison au Portugal. Au fait, comment va mon Pompon ?

— Quelle idée, une maison au Portugal ! fait Antoine en se tournant vers sa mère. Tu n'y penses pas ? Ton Pompon va très bien. Il est gâté par mes fils, qui lui apportent du pain sec. Si tu voyais comme il se régale.

— Faut pas trop lui en donner, c'est pas bon pour son estomac !

La visite n'a pas duré plus de dix minutes, Joseph en connaît les raisons, pourtant il a apprécié que ce qui lui reste de famille se soit déplacé pour lui. Il s'étonne malgré tout de ne pas avoir réagi : « Qu'est-ce qu'ils m'ont mis dans les veines, du jus de raves ? »

Dix jours après son opération, il peut se lever seul et se promener dans le couloir. Il se sent bien, malgré une douleur lancinante à la poitrine. Hier, comme le temps n'était pas trop chaud, il a pu faire quelques pas dehors et regarder la course des nuages blancs. Il pense à Margot, qui partage désormais son terrible secret. Peut-être va-t-elle en mourir de dégoût !

Joseph se repose dans sa chambre et lit. C'était sa grande occupation, en mer. Il jouait aux cartes avec les autres, mais ne pouvait pas s'empêcher de tricher et cela se terminait toujours en bagarre.

Alors, il s'isolait et dévorait des livres, dont il faisait une ample provision à chaque escale.

Des pas rapides dans le couloir lui font lever la tête. Ici personne ne court, pas même les soignants. La porte s'ouvre vivement, claque contre la cloison. Un boulet fait irruption dans la chambre, se jette contre le vieil homme.

— Joseph ! Mon Joseph !

Le malade tente d'esquiver l'étreinte, mais ne peut échapper aux petits bras qui l'agrippent. Le museau d'Alexandre se frotte contre sa barbe, y dépose plusieurs baisers rapides.

— Ne t'appuie pas contre moi, tu m'étouffes !

Alexandre recule, se plante sur ses jambes nues et observe son ami.

— Tu as meilleure tête, dit-il en connaisseur.

— Ah bon !

— C'est que tu m'as fait peur, à tomber dans les pommes sans avertir ! Tu aurais pu choisir un autre moment, mais c'est bien, les gens disent que je t'ai sauvé la vie.

— Qui t'a emmené ? Tes cousins ? Tu n'es pas venu tout seul en vélo ?

— Mon père a dit qu'il viendrait te voir demain !

— Tu ne m'as pas répondu, qui t'a amené ici ?

Joseph lève les yeux vers la porte. Son cœur s'est sûrement arrêté puisque sa respiration se bloque. Pétrifié, il voit Margot, souriante comme autrefois, tellement différente de celle qu'il a retrouvée à Montpellier. Elle s'approche, malgré tout un peu gênée.

— J'ai reçu ta lettre, dit-elle. Je sais maintenant pourquoi tu es parti dans la marine.

Il ne sait quelle attitude adopter. Il gratte la barbe blanche de son menton. Ce benêt d'Henri aurait-il eu raison ?

— Ma mère est morte devant moi et m'a parlé avant de mourir, poursuit Margot. Ça allait dans le sens de ce que t'a dit ton père. Mais tu te souviens, quand nous étions enfants, mon père parlait de la « marque de fabrique » !

Joseph, la gorge nouée, voit le grain de beauté au bas du menton de Margot. Il n'y avait pas pensé, quand Jean lui a avoué sa liaison avec Anna. Et sa conclusion tonne encore dans la mémoire du vieil homme : « Margot est ta sœur ! »

— Tu veux dire que…

Il ne peut pas aller plus loin. Margot, qui a retrouvé son aplomb, continue ses explications :

— Pour être sûre à cent pour cent, je suis allée en Espagne, où les tests ADN sont autorisés pour les particuliers. J'avais l'enveloppe que tu as léchée… Tu n'es pas mon demi-frère.

— Ah bon !

C'est tout ce qu'il trouve à dire. Sa vie entière a été conditionnée et gâchée par une fausse affirmation de « mon salaud », qui était pourtant sûr de lui.

— Ah bon ! répète-t-il, toujours en panne de mots.

Il se demande s'il ne va pas faire une nouvelle attaque. Il a mal à la poitrine. Sa cicatrice le brûle.

— Ecoute, murmure Margot d'une voix douce, j'ai aussi autre chose à te dire.

Elle sort la photo froissée qui les représente à onze ans, cette fameuse photo où Alexandre a cru se trouver une ressemblance avec Joseph.

— Après ton départ, j'ai tout de suite découvert que j'étais enceinte. Alors, il a fallu trouver un père de remplacement pour Jérôme. Aurélien me faisait des avances depuis longtemps, alors je lui ai avoué la vérité. Il a accepté d'endosser la paternité de ton fils.

Joseph tend la main vers Margot, la bouche ouverte, incapable de prononcer les mots qui lui viennent à l'esprit. Ce qu'il vient d'apprendre lui fait terriblement mal et en même temps beaucoup de bien. Jérôme est son fils ! Cette réalité tourne dans son esprit et donne un sens à ce qu'il avait remarqué : l'épi sur le sommet du crâne, la démarche identique et surtout les mêmes yeux noirs… Il ne lui manque qu'une abondante barbe blanche pour être tout son portrait. Il inspire profondément et demande :

— Est-ce qu'il chante bien ?

Il regrette d'avoir posé cette question idiote, destinée à combler un silence qui l'écartèle.

— Non, personne ne chante aussi bien que toi.

Alexandre est resté en retrait. Il n'a rien perdu de la conversation, pourtant, il n'arrive pas à comprendre par quel miracle Joseph serait son grand-père. Pour lui, son papi s'appelle Aurélien et n'existe que sur les photos de mamie Margot à Montpellier. Les grandes personnes ont une manière bien à elles de transformer le passé.

Il est mal à l'aise. Il se réfugie vers la porte, comme s'il voulait fuir une réalité qui ne lui convient pas. Il a toujours souhaité que Joseph soit son grand-père, et maintenant que c'est le cas il n'en a plus envie. Joseph est son vieux copain, il doit rester en dehors de sa vie, de ses habitudes. Joseph représente l'interdit ; il ne l'imagine pas à la table de la famille et surtout pas dans la petite maison de mamie Margot, où chaque chose doit rester à sa place. Un éléphant dans un jeu de quilles ! pense le gamin, qui a retenu cette phrase d'une conversation entre son père et sa grand-mère.

Joseph se tourne vers lui ; ses yeux noirs pétillent. Il comprend pourquoi l'enfant était attiré par la Messonière et pourquoi il s'était attaché à ce petit sauvageon qui ne reculait pas devant ses menaces. « C'est donc un Lespaud, même s'il n'en porte pas le nom. Je vais m'occuper de lui apprendre la vie ! »

— Eh bien, Alexandre, tu ne dis rien ? demande Margot en dirigeant son regard vers le gamin, toujours près de la porte.

— Je veux partir d'ici ! réplique-t-il de sa voix rayée de rebelle. Ça sent le médicament !

Il sort et s'éloigne en courant. Joseph, qui ne s'attendait pas à cette réaction, fronce les sourcils.

Alexandre ne veut pas de lui pour grand-père et il a probablement raison. N'est-ce pas trop tard pour commencer sa vie ? A Montpellier, il avait retrouvé une Margot rebelle qui se refusait à lui. Et maintenant, en présence d'Alexandre, il découvre une vieille femme, semblable aux autres.

— Je ne sais plus quoi dire.

Le visage de Margot se contracte. Voilà que Joseph montre son mauvais caractère, mais elle a compris et demande :

— C'est la réaction d'Alexandre qui te contrarie ?

— Il m'en faut plus que ça, bougonne Joseph. Alexandre est un enfant au grand cœur. Et puis, il joue déjà bien de la flûte. Non, ce qui me gêne, c'est qu'on est des vieux.

— Moi, je te vois avec mes yeux de vingt ans !

— Tu as bien de la chance !

Elle se dresse, piquée. Joseph vient de formuler le même sentiment qu'elle a ressenti lorsqu'elle est entrée dans cette chambre. Comment retrouver la complicité d'autrefois avec un vieil homme très ordinaire, bien loin du rossignol qu'elle a aimé ? La vie de marin a fait sur lui des dégâts irréversibles.

— Tu as besoin de te reposer ! fait Margot sur un ton sec en se dirigeant vers la porte.

Alors, Joseph se relève, conscient de passer à côté de ce qu'il a toujours désiré. N'est-il pas en train de laisser filer une chance improbable, un cadeau de la Providence, la réconciliation avec son passé et avec « mon salaud », dont il entend encore la voix au fond de lui ? Il saute au bas du lit avec une surprenante agilité, court dans le couloir jusqu'au hall d'entrée et voit Margot passer la porte vitrée. Il se précipite aussi vite que ses vieilles jambes le lui permettent quand Alexandre fait irruption près de lui.

— Je sais pas ce que tu lui as dit, mais tu l'as vexée. Tu es vraiment très con, Joseph !

Ce mot dans la bouche de l'enfant surprend le grand-père, qui en mesure la portée, la vérité et la certitude que dans la vie supprimer cinquante années d'un seul regard est impossible. Margot et lui doivent prendre le temps de se retrouver, de s'apprivoiser.

— Va la chercher, demande Joseph. Dis-lui que je veux lui parler.

Alexandre court dans le parking et revient aussitôt.

— Elle a dit qu'elle devait réfléchir !

Alors, n'écoutant pas son cœur qui bat très fort, Joseph sort en pyjama sur le parking. Une infirmière le rattrape.

— Vous, laissez-moi tranquille ! fait-il en repoussant la jeune femme.

Il arrive hors d'haleine, au bord de la syncope, près de la voiture de Margot qui a démarré. Elle hésite, puis enfin ouvre la portière.

— Margot… Je t'en supplie, tu n'as pas fait autant de route pour repartir aussitôt. Viens.

Elle sourit, preuve qu'elle ne lui en veut pas, et pose délicatement sa main sur sa barbe.

— Tu crois que c'est bien, de se cacher ? Cette barbe te défigure, c'est celle du marin que je n'ai pas connu, le mousquetaire du bistrot de Maria, bref, tout ce que tu n'es pas au fond de toi.

— Quand tu iras à Beaulieu, tu diras à Henri Martel que je veux le voir, c'est très important.

— Qu'est-ce que tu lui veux ?

— C'est un pauvre gars, qui a été seul toute sa vie et sans aucun souvenir à quoi se raccrocher. Si tu es là, c'est grâce à lui, et moi je l'ai engueulé, je lui ai juré de lui mettre mon pied au cul !

— Tu n'as jamais su mesurer tes propos ! constate Margot en souriant. Il faut que tu rentres te reposer. Je reviendrai demain.

Margot revient à Beaulieu pour la première fois depuis de nombreuses années. A côté d'elle, Alexandre essaie de tirer un air de sa flûte, mais les mouvements de la voiture l'empêchent de jouer. En arrivant au pont de la Vézère, l'enfant pose son instrument sur ses genoux et se tourne vers sa grand-mère.

— Ça me fait tout drôle que tu sois là. Et même que ça change le pont Saint-Martial. Il me semble qu'il n'était pas aussi grand quand je passais en vélo !

Elle sourit. Les souvenirs affluent, aussi nets que s'ils dataient de la veille. Souvent, avec Joseph, ils venaient sur ce pont et regardaient couler la rivière. Elle retrouve l'église massive, avec sa girouette en forme de coq, puis les commerces de la place, qui n'ont pratiquement pas changé. Elle cache son émotion devant Alexandre qui ne la quitte pas des yeux ; elle se rend compte combien son village natal lui a manqué.

Elle prend la direction de la Messonière. L'orgueilleuse maison a cédé la place à un chantier où s'activent les engins de travaux publics, les uns déplaçant la terre rouge, les autres étalant des monticules de gravillons. La terre nue descend en pente molle vers la rivière, dont la largeur étonne depuis qu'on a coupé les arbres de la berge. L'ancien mur du parc a été rasé. Un triste spectacle, pense Margot, qui comprend que, finalement, elle aurait pu aimer la Messonière. Et pourtant, si elle n'est jamais revenue à Beaulieu, c'était certes pour ne plus vivre dans la maison de son enfance, de sa jeunesse heureuse, mais aussi pour ne plus jamais revoir ce symbole d'une famille hautaine qui se prévalait de son ancienneté. Désormais, Beaulieu ne sera plus jamais comme avant.

— Mais pourquoi ils l'ont écrasée ? demande Alexandre. Moi, je l'aimais bien !

— Parce que les hommes sont toujours insatisfaits. Alors, ils détruisent ce qu'ils ont eu beaucoup de mal à construire, en espérant faire mieux.

— Ça me donne envie de pleurer ! répond l'enfant.

Elle dépasse le chantier et s'arrête devant la maison couverte de tuiles. Jérôme s'est opposé à la vente, et le lieu de son enfance a continué de vivre en son absence. Il l'a équipé de tout le confort moderne, a nettoyé les parterres, changé les volets et la porte d'entrée. Le tilleul planté par son père a été élagué. Alexandre prend la main de sa grand-mère.

— J'ai laissé mon vélo chez Amélie. C'est bien dommage !

Margot monte les marches et pénètre dans la maison. L'entrée est envahie de chaussures et de bottes en grand désordre. Elle, la maniaque de l'ordre, se dit que son premier travail va être de faire le ménage. Dans la cuisine, à droite, Jérôme a laissé son assiette sur la table. De la vaisselle s'amoncelle dans l'évier.

— Tu as vu ? demande Alexandre en ouvrant la porte-fenêtre du jardin. Papa a coupé les deux pruniers et les ronces. C'est bien, maintenant. Je lui ai demandé de faire un potager, comme Joseph.

Margot poursuit la visite par la salle à manger avec sa grande table, son vaisselier orné d'assiettes peintes et les portraits des grands-pères avec leurs médailles militaires. Jérôme n'a rien changé au décor austère et vieillot. Il y fait frais et une odeur de rance pique les narines. Margot ouvre les volets qui grincent. La chaleur de l'été entre dans ce sanctuaire où l'on ne mangeait que pour les grandes occasions. Elle s'arrête un moment devant la photo de son père et de sa mère en jeunes mariés et sourit, preuve que tout ressentiment a disparu.

Elle va dans sa chambre de jeune fille, qui n'a pas été aérée depuis longtemps. Ça sent la poussière, le renfermé, le vieux. Elle ouvre en grand la fenêtre qui donne sur le jardin.

A cet instant, Jérôme arrive, stationne sa camionnette dans la cour à côté de la voiture de sa mère.

Alexandre court vers son père et l'étreint de toutes ses forces.

— On vient de l'hôpital. On a vu Joseph ! annonce-t-il, heureux. Il a dit qu'il avait retrouvé un cœur de vingt ans !

Puis il ajoute, sur un ton plein de malice :

— Maintenant, tu ne pourras plus m'empêcher d'aller le voir parce que c'est mon grand-père !

Margot descend l'escalier et embrasse son fils. Sa présence, dans cette maison où il avait pris ses habitudes, le gêne. Margot n'a pas sa tête ordinaire. Jérôme sait pourquoi elle sourit et parle d'une voix légère et gaie.

— Donc Joseph va bien, constate-t-il pour chasser le silence qui cache une vérité qu'il pressent et le gêne.

— Oui, très bien. Il va aller dans une maison de repos quelque temps, puis il sera entièrement rétabli.

Jérôme n'arrive pas à admettre ce que sa mère lui a dit au téléphone. Il a l'impression de faire un pied de nez à celui qu'il a toujours considéré comme son véritable père, même si Aurélien, par sa jalousie, avait rendu la vie impossible à sa mère. Il lui en a voulu parfois, et maintenant qu'il connaît la vérité il se sent coupable d'avoir été la cause de tant de disputes.

Alexandre boit un grand verre d'eau et part dans le jardin où on l'entend jouer de la flûte. Margot s'assoit en face de son fils, dont elle perçoit le trouble.

— Qu'est-ce que tu voulais que je fasse ?

Il hausse les épaules, les yeux baissés.

— Je dois m'habituer !

En même temps, il comprend mieux le sentiment bizarre qu'il éprouvait pour Joseph, un sentiment mêlé d'attirance et de rejet. La photo nette montrant un Joseph si ressemblant à Alexandre le mettait mal à l'aise par rapport à Aurélien.

— Je n'ai jamais menti à ton père, ajoute Margot, qui éprouve le besoin de se justifier devant le silence de Jérôme. Il savait tout, c'est bien pour ça que ce n'était pas toujours facile entre nous.

Jérôme pense qu'il est un Lespaud, de cette race hautaine qu'il avait appris à haïr. Sa fascination pour la Messonière venait-elle de là ?

— Tu ne t'étais jamais aperçu que tu lui ressemblais ?

— On ne voit que ce qu'on veut voir ! répond Jérôme.

Dans le jardin, la flûte d'Alexandre n'en finit pas de caracoler, d'égrener des bouquets de notes colorées qui s'unissent dans une ronde légère.

— Il est doué pour la musique, constate Margot. Son grand-père chantait si bien !

— Qu'est-ce que tu vas faire ? demande Jérôme.

Margot secoue la tête. Elle sait que Joseph n'acceptera jamais de venir habiter ici, et puis cette maison revient à Jérôme, qui s'y est attaché et a su la maintenir en bon état.

— Je ne sais pas encore. Tout ça est tellement nouveau ! Et toi, tu n'as personne ?

— Non, répond Jérôme. Je travaille toute la journée et souvent le samedi, alors je n'ai pas le temps de faire des rencontres.

— Tu vas aller voir Joseph ?

— Sûrement, mais faut trouver le temps.

Le lendemain, quand Jérôme est parti au travail, Margot retourne à l'hôpital. Elle profite de l'instant où Alexandre s'attarde sur le parking pour parler à Joseph en tête à tête. Quand elle entre dans la chambre, une surprise l'attend. L'homme qui est en face d'elle n'est plus l'officier de marine en retraite. Il passe sa main sur son menton lisse.

— Je suis un autre homme, dit-il en riant. Un étranger. Voilà que je ne me reconnais pas.

Elle lui sourit et ose poser un baiser sur son front.

— Ce matin, je te retrouve presque identique au Joseph de Royan. Tu m'as envoyé un baiser avec la main avant de monter dans ta voiture. On devait se revoir le lendemain, parce que tu allais parler à tes parents de nos projets de mariage. Et le lendemain, tu étais parti !

Joseph baisse la tête. Sans sa barbe, il lui semble que ses souvenirs sont moins nets, comme embrumés par le temps.

— J'étais chez les hommes à la peau de cuivre, mais toi, pendant ce temps, tu fricotais avec l'autre, celui que je détestais. Et même que tu as fait l'amour avec lui. Tu m'as trompé pendant des années !

— Cesse de te montrer jaloux. Il a endossé la paternité de ton fils à la seule condition que je lui donne un enfant à lui et j'aurais tenu ma promesse si la nature n'en avait pas décidé autrement.

— Oui, grogne Joseph, mais quand même...

— Tu ne vas pas me dire que toi tu m'es resté fidèle toute ta vie !

— Eh bien si, je te suis resté fidèle ! affirme-t-il.

— Je ne te crois pas, mais ça n'a pas d'importance.

Un visiteur marche dans le couloir, tenant sa casquette à la main, discrètement, en frôlant le mur pour ne pas gêner les infirmiers pressés. Il ose se montrer à la porte de Joseph, qui l'aperçoit et l'interpelle :

— Henri, mon ami ! Comme je suis heureux de te voir ! Tu as bien fait de poster ma lettre !

Il ne comprend plus, Henri. Il s'est d'abord fait maudire pour avoir accompli la volonté de Joseph, et voilà que le convalescent le remercie ! Il s'arrête à la porte, surpris. Est-ce bien Joseph, cet homme au visage lisse, tellement différent du barbu qu'il connaissait ? Il n'en reste que les yeux noirs et la voix, toujours aussi puissante.

— Henri, tu es un frère pour moi ! Tu ne m'as jamais abandonné ! Il faut que je te dise : Margot et moi, nous allons nous marier !

Margot sursaute, tourne un regard interrogateur vers Joseph.

— Tu crois que… A notre âge ?

— A notre âge, justement ! On l'a bien mérité ! Et c'est toi, mon Henri, qui seras mon témoin. Tu n'as pas de famille. Tu seras notre beau-frère.

— Mais je croyais qu'un beau-frère…

— Arrête de pinailler ! Tu seras notre beau-frère parce que je l'ai décidé ! Un point c'est tout !

Henri bredouille, touché par cette marque d'amitié. Il est là, les bras ballants, penaud en face d'un bonheur qu'il ne croit pas mériter. Il murmure :

— Je ne sais pas si je pourrai !

Il s'imagine déjà devant les invités près des vieux mariés et a peur de n'être que le petit rien du tout, l'avorton laid que sa mère a abandonné à la naissance.

— Nous casse pas les pieds, tranche Joseph, c'est décidé !

— Mais… mais dans ce cas, bredouille Henri, vous serez ma famille ?

— Pour sûr, puisque tu seras notre beau-frère !

Henri s'adosse à la porte pour ne pas montrer les larmes qui noient ses yeux. Alexandre, qui s'était attardé dans le parking, arrive en courant. Il vient de téléphoner à son père.

— Il n'a toujours pas le temps de venir. Je le connais, il fait son timide, mais ça va lui passer !

Puis il observe Joseph et décide :

— Je te préférais avec la barbe. Tu ne ressembles plus à mon Joseph, celui qui a montré son cul au maire et qui est toujours en colère !

— Dis donc, depuis quand c'est toi qui commandes ma toilette ?

— Heureusement qu'en coupant ta barbe tu n'as pas perdu ton mauvais caractère ! s'exclame le gamin en riant.

Un peu plus tard, Henri revient, portant un sac de courses. Il en sort une bouteille de champagne et des gobelets qu'il pose d'une main tremblante sur la petite table près de la fenêtre.

— C'est tout ce que j'ai trouvé, mais je tiens à arroser ce grand moment. Je ne suis plus seul au monde !

Le visage de Joseph se renfrogne. Il se dresse en face d'Henri qui s'étonne.

— Je ne peux pas boire ! tonne le malade.

— Mais je croyais que...

— Tu ne dois rien croire ! s'emporte Joseph. Je ne veux plus jamais boire une seule goutte d'alcool !

— Mais c'est du bon, insiste Henri, le plus cher que j'aie trouvé, quarante-deux euros, regarde, j'ai le ticket de caisse...

— Mais, nom de Dieu, tu ne comprendras jamais rien ! C'est un vœu que j'avais fait, il y a bien longtemps. Un soir chez les hommes à la peau de cuivre, le sorcier m'a dit qu'un jour je serais très heureux. Alors je l'ai pas cru, mais il a insisté et j'ai dit que si sa prophétie se réalisait je ne boirais plus une seule goutte d'alcool ! J'y croyais pas, alors ça ne m'engageait pas beaucoup !

Henri bredouille des excuses et range sa bouteille dans son sac. Margot se tourne vers lui.

— Laissez-le parler, dit-elle. Il regrette déjà un vœu qui va beaucoup lui coûter…

Henri se dirige vers la porte, tenant son sac devenu trop grand et trop lourd. Joseph tend la main dans sa direction.

— Allez, fais pas cette tête, beau-frère ! Apporte-le, ton champagne. On va dire que mon vœu ne commencera que quand Margot aura accepté de m'épouser. Pour l'instant, elle n'a pas répondu, alors je suis encore libre, mais après, il n'y aura pas la moindre exception !

Henri fait sauter le bouchon, remplit les gobelets en plastique, puis s'adresse à Joseph.

— Si tu es mon beau-frère, Jérôme, ce sera quoi pour moi ?

— Ton neveu, bien sûr !

— Et Alexandre ?

— Ton petit-neveu, mais arrête avec tes questions de parenté. Qu'est-ce que ça peut faire ?

Le délaissé né sous X ne retient plus les larmes qui roulent sur ses joues. C'est plus fort que lui, il bredouille :

— Toute… toute une famille pour moi ! Je savais qu'il y aurait un miracle !

Il renifle bruyamment, Margot l'embrasse sur les deux joues.

— Vous le méritez tellement, lui souffle-t-elle.

— Non, je ne le mérite pas puisque ma mère m'a jeté comme un avorton !

Il sanglote sans retenue. Alexandre lui prend la main, touché par les sanglots de celui qu'il croyait insensible.

— J'ai jamais été aussi heureux de ma vie !

— Mais arrête de chialer ! le rabroue Joseph. Tu vas gâter le champagne ! Et puis sache qu'il n'est jamais trop tard pour être heureux !

Margot fouille dans son sac et en sort un dossier avec une photo montrant un énorme bateau sur la mer bleue.

— Tu te souviens, nous devions partir en croisière pour notre voyage de noces… Alors, j'ai réservé pour ce tour de la Méditerranée. Ça te changera des grands océans du monde. Dix jours avec des concerts, et des visites en Italie, en Afrique du Nord, et en Espagne !

Joseph prend les billets et les contemple un instant ; il ne veut surtout pas montrer combien cette attention le touche. Alors de sa voix qui a retrouvé un peu de clarté, et surtout pour justifier sa gorge nouée, il précise :

— L'air du large me manque depuis que j'ai quitté la marine !

Alexandre, qui s'est approché de la fenêtre, s'écrie tout à coup :

— Papa ! C'est sa camionnette !

En effet, Jérôme a surmonté son appréhension et se dirige d'un pas hésitant vers l'entrée de l'hôpital.

C'est au tour de Joseph d'être mal à l'aise. Il se lève lentement. Jérôme arrive. Les deux hommes se regardent longuement, n'osant pas faire un pas l'un vers l'autre. Puis Joseph se décide :

— Viens, on a mis un verre pour toi.

Voilà quatre ans et demi que Margot et Joseph sont mariés. A soixante-dix-sept ans, ils forment un couple qui ne fait pas son âge !

Ils se sont présentés devant le maire Patrick Massoni le 30 octobre 2012, soit cinquante ans après la date choisie pendant leur séjour amoureux à Royan.

— Nous sommes juste un peu en retard ! a dit Joseph en souriant.

La municipalité a tenu à organiser une fête sur la place publique, probablement pour se faire pardonner d'avoir détruit la Messonière. Antoine Fréchon, le neveu chasseur de sangliers, a eu le dernier mot :

— Sans le projet d'aménagement, tu n'aurais peut-être jamais retrouvé Margot !

Joseph n'a plus parlé de son désir d'aller vivre au Portugal. Avec Margot, ils ont acheté une maison ancienne au bord de la Vézère. Henri s'occupe du grand parc, qui rappelle un peu celui de la Messonière. Jérôme vit toujours dans la maison aux tuiles rouges.

Alexandre est au lycée de Brive et parle de préparer l'Ecole de la marine nationale après le bac. Margot a insisté pour le photographier près de son grand-père. Joseph, le cabotin, a voulu endosser son uniforme d'officier.

— Je porte encore bien les galons ! a-t-il déclaré en s'étirant sur la pointe des pieds à côté de son petit-fils, qui mesure dix centimètres de plus que lui.

Mais ne cherchez pas Beaulieu-sur-Vézère sur une carte. Ce village porte un autre nom, que Joseph, mon vieil ami, m'a demandé de ne révéler à personne s'il me venait l'idée de raconter son histoire.

Car il sait que le temps lui est désormais compté, et ne veut surtout pas le gaspiller en futilités. Depuis qu'il ne boit plus, Henri assure qu'il a retrouvé sa belle voix, mais le rossignol ne chante désormais que pour Margot.

DU MÊME AUTEUR *(suite)*

Le Chat derrière la vitre, L'Archipel, 2008 ; De Borée, 2010
Et l'été reviendra, Robert Laffont, 2008 ; Pocket, 2012
La Malédiction des louves, Robert Laffont, 2008 ; Pocket, 2010
Les Enfants de l'hiver, XO, 2009
Les Secrets de la forêt, Robert Laffont, 2010 ; Pocket, 2013
La Maison des Houches, Belfond, 2010 ; Pocket, 2012
Le Cri du goéland, Belfond, 2011 ; Presses de la Cité, coll. Trésors de France, 2014
Le Chant du papillon, Belfond, 2011 ; Presses de la Cité, coll. Trésors de France, 2015
La Tour de Malvent, Belfond, 2012 ; Presses de la Cité, coll. Trésors de France, 2016
Le Barrage, Belfond, 2012 ; Presses de la Cité, coll. Trésors de France, 2017
La Rebelle des sentiers de Lure, Belfond, 2013
La Mémoire au cœur, Belfond, 2014
La Disparue de Saint-Sauveur, Belfond, 2015
L'Enfant de Loire, Belfond, 2016

Vous souhaitez en savoir plus sur les livres et les auteurs
de la collection Terres de France ?

Retrouvez toutes les informations sur le site
www.collection-terresdefrance.fr
et abonnez-vous à notre lettre d'information.

Suivez-nous également sur notre page Facebook
et sur notre fil Twitter.

Club des Amis de Terres de France
12, avenue d'Italie
75627 Paris cedex 13

MIXTE
Papier issu de sources responsables
FSC™ C003309
FSC www.fsc.org

Composition et mise en pages
Nord Compo à Villeneuve-d'Ascq

Imprimé en Espagne par Cayfosa
Dépôt légal : avril 2017